INDICATEUR

DE

BOURG-EN-BRESSE

Par ET. MILLIET,

Membre de la Société impériale d'Emulation de l'Ain.

BOURG-EN-BRESSE,

IMPRIMERIE DE MILLIET-BOTTIER.

1859.

Beaucoup de voyageurs et d'étrangers arrivant à Bourg demandent ce qu'il y a à visiter après la magnifique église de Brou.

C'est pour répondre à cette question que nous avons écrit l'*Indicateur de Bourg-en-Bresse*.

Diverses circonstances ne nous ont pas laissé le temps de le rendre plus complet et plus intéressant.

Notre seul désir est que ces quelques pages ne soient pas sans utilité au voyageur qui veut bien séjourner parmi nous, et qu'elles contribuent à faire aimer notre modeste cité.

INDICATEUR DE LA VILLE DE BOURG.

La ville de Bourg, qui compte aujourd'hui environ 12,000 âmes, est gracieusement assise dans la plaine de la Bresse, à 8 kilomètres des montagnes, sur la rive gauche de la Reyssouze et contre une colline dont le prolongement au sud-est présente les lisières verdoyantes de la belle forêt de Seillon. La Reyssouze est une petite rivière très-poissonneuse qui prend sa source au pied de la chaîne des montagnes du Revermont, à Journans, et qui coule au milieu de fertiles prairies, sous de frais ombrages jusqu'à la Saône.

La ville de Bourg est située à 276 mètres au-dessus du niveau de la mer. Son origine est fort ancienne. Elle faisait partie, sous les Romains, de la Gaule celtique et, suivant quelques érudits, de la province désignée, dans certaines éditions des

Commentaires de César, sous le nom de *Sébusie* (1), à l'extrémité des Allobroges et au-delà du Rhône. De là vient que Bourg a pris souvent le nom latin de *Forum Sebusianorum*.

Le dictionnaire de Noël désigne Bourg sous le nom de *Tamnum*. Dans la chronique de Fustallier, qui remonte au XVIe siècle, on voit que saint Gérard se retira à Brou, *propè oppidum Tani*. D'où vient ce nom de *Tanum* ou *Tanus* donné à notre ville ? D'une inscription qui existe encore sur un ancien bloc de pierre, mais qui n'est peut-être pas complète |ΓANVS| et sur laquelle M. Th. Riboud a disserté d'une manière intéressante dans un mémoire touchant l'ancienneté de Bourg. Le bloc de pierre, qui appartient à la Société d'Emulation de l'Ain, est depuis plusieurs années abandonné dans une gravière de la ville et exposé à de regrettables mutilations.

Quant à l'étymologie de BOURG-EN-BRESSE, elle serait celtique, suivant le dictionnaire de Bescherelle, et elle viendrait de *Bwrg*, habitation ; *brig*, coupé ; *si* contrée ou *sy*, rivière ; ou bien encore le mot

---

(1) Le mot de *Sébusie* n'existe plus dans les récentes éditions des *Commentaires*. Ce mot est remplacé par celui de *Segusiavi*, peuple que les savants placent dans le Forez.

Bresse viendrait de *brai*, terre fangeuse ; *zy* habitation. Notre Bresse a-t-elle emprunté son nom à la déesse *Brixia*, dont l'existence mythologique nous a été récemment révélée par une inscription antique découverte dans les Vosges ? J'abandonne sans conteste aux érudits compétents l'appréciation de ces diverses étymologies qui répondent, du reste, assez bien à la configuration de notre sol.

La ville de Bourg est le chef-lieu du département de l'Ain, qui s'étend des portes de Genève aux portes de Lyon, et des eaux de la Saône au pied de Mâcon jusqu'aux rives du Rhône, cotoyant la Savoie et le département de l'Isère. Le département présente donc les zônes les plus diverses : les jardins du beau pays de Gex, les montagnes abruptes et les sites pittoresques du Bugey, les plaines fertiles de la Bresse et les étangs de la Dombes.

Des routes et des avenues aboutissent de tous ces points au centre même de la cité, à travers des rues propres et alignées : les anciennes ruelles qui entretenaient l'humidité ont disparu.

De divers points la vue s'étend sur d'agréables campagnes, embrasse les horizons du Mâconnais, ou se promène sur les montagnes du Revermont qui forment, à l'est de la ville, un rideau pittoresque.

Parfois aussi on découvre le Mont-Blanc du côté du Mail.

La ville de Bourg dépendait, sous la domination romaine, des lieutenants qui siégeaient à Lyon; elle y fut soumise pendant environ 500 ans.

De 408 à 411, les Bourguignons s'emparèrent de trois provinces qui composent aujourd'hui notre département de l'Ain.

Quelque temps après, la Bresse, la Dombes et le Bugey furent compris dans le royaume d'Arles et de Provence. On les trouve ensuite réunis à l'empire germanique, puis repris par les petits souverains du pays, dont les principaux furent les sires de Baugé.

Le mariage de Sybille de Baugé fit passer nos provinces sous la maison de Savoie, en 1272.

Les ducs de Savoie firent souvent leur résidence de la ville de Bourg. Amé V, dit le Comte-Vert, lui donna ses premières armoiries et y fonda plusieurs maisons religieuses; d'autres ducs de Savoie lui accordèrent des priviléges : c'est dès cette époque que Bourg devint capitale de la Bresse et acquit de l'importance.

Les armes de la ville de Bourg sont une croix tréflée de St-Maurice d'argent qu'elle porte encore sur un écu parti de sinople et de sable ; elle lui fut accordée par le duc Emmanuel-Philibert.

En l'année 1505, Marguerite d'Autriche, épouse de Philibert-le-Beau, y jeta les fondements de la splendide église de Brou.

En 1535, François Ier fit la conquête de Bourg et des pays qui s'étendaient jusqu'au Rhône.

Nos provinces furent rendues au duc de Savoie par la paix de Cambrai, en 1559 ; Emmanuel-Philibert fit, cette même année, son entrée à Bourg. Dix ans après, il posait la première pierre d'une citadelle remarquable, démolie depuis.

En 1601, sous le roi Henri IV, la ville de Bourg et les provinces de Bresse et Bugey furent réunies à la France, en échange du marquisat de Saluces (1).

La Bresse fut placée depuis dans le ressort du parlement de Dijon.

Plusieurs ducs de Savoie ayant fait de Bourg leur résidence, la ville s'embellit successivement de munuments civils et religieux. Avant la révolution de 1792, on comptait à Bourg douze églises et cinq

---

(1) Voir l'ouvrage de M. Jules Baux, intitulé : *Histoire de la réunion à la France des provinces de Bresse et Bugey.* — Un beau vol. in-8°, imprimerie de Milliet-Bottier, à Bourg, 1855.

oratoires ou chapelles. Nous dirons plus loin ce qu'il en reste aujourd'hui.

On peut suivre encore le tracé de ses anciens remparts. L'enceinte fortifiée était complète. Il y avait de larges fossés qui ont été comblés, et depuis ce moment le climat y est très-sain. La promenade du Bastion est toujours un beau débris des anciennes fortifications ; c'était le bastion de Montrevel. Les jardins établis tout autour de la ville, les belles plantations, les excellentes cultures des terrains qui entourent la cité, y font régner la salubrité. Les fièvres y sont très-rares et ont presque disparu.

La citadelle de Bourg, qui était une des plus fortes de l'Europe, fut démolie en 1611. Elle s'appelait le fort St-Maurice, et occupait le clos des Lazaristes et ses alentours. La belle et antique promenade du Mail conduisait à une de ses avenues.

La ville de Bourg a supporté plusieurs siéges au temps de ses fortifications ; elle a vu plusieurs fois des corps d'armée dans ses murs, au temps du siége de Lyon, en 1792 ; et deux fois les Autrichiens ont livré bataille dans ses rues en 1814 et 1815.

François Ier, Henri IV, Napoléon Ier, le comte d'Artois (Charles X), la duchesse d'Angoulême, fille de Louis XVI, le duc d'Orléans, Napoléon III, l'ont visitée.

L'église de Brou attire chaque jour un grand nombre d'étrangers de distinction.

Administration.

Bourg est, comme nous l'avons dit déjà, le chef-lieu du département de l'Ain (qui compte 370,000 âmes); il dépend de Lyon pour la division militaire, la cour impériale et l'instruction publique; de Belley pour l'évêché; de Besançon pour l'archevêché et la gendarmerie; de Mâcon pour la conservation forestière; de Châlon-sur-Saône pour les mines. — La cour d'assises de l'Ain siège à Bourg.

Monuments religieux.

L'église paroissiale, placée sous le vocable de Notre-Dame, est située au centre de la ville; elle a comme pour avenue toute la rue Notre-Dame qui est large et bien bâtie. L'église Notre-Dame mérite d'être visitée ; elle est vaste et gracieuse dans ses lignes, quoique sobre d'ornementation. Le vaisseau est d'une élégance remarquable. Une légende et un tableau miraculeux se rattachent à sa construction.

Sur l'emplacement de l'église Notre-Dame existait jadis une chapelle vénérée : c'est le 5 du mois d'août 1509 que fut résolue et entreprise la construction de l'église paroissiale. En 1510, on commença à s'occuper de la menuiserie, et des maîtres étrangers, fort habiles, vinrent se charger de ce travail. L'archevêque de Lyon, et Marguerite d'Autriche elle-même, fournirent pour cet édifice d'abondantes ressources.

En 1513, tous les travaux étaient en pleine activité. Seulement, il y eut bien des vicissitudes. Plusieurs fois, les parties construites s'écroulèrent, et l'on eut recours aux lumières de l'architecte de Brou, maître Van-Boghen, lorsqu'il revenait de Flandres.

En 1515, arriva la bulle d'érection d'un évêché à Bourg ; l'évêque fut Louis de Gorrevod, qui fit son entrée à la fin de 1515. Sa présence donna plus d'activité aux travaux de l'église Notre-Dame. Plusieurs legs furent faits pour sa construction, et, en 1528, presque toutes les chapelles étaient terminées.

En ce moment, les travaux de Brou étaient poussés avec vigueur, et ceux de Notre-Dame furent suspendus, parce que la ville était épuisée et contrariée dans ses projets.

L'œuvre ne fut guère reprise qu'en 1545, date inscrite par l'architecte sur le cintre de la porte méridionale de la façade. Il y eut encore de longues interruptions, et ce ne fut qu'en 1648 qu'un architecte lyonnais, Maugras, vint faire achever la façade. Alors l'architecture avait changé d'école, et nous étions revenus à l'architecture classique qui se retrouve sur la façade avec les ordres gréco-romains, tandis que le chœur présente tous les caractères du style ogival.

L'église a une grande nef, deux nefs latérales, deux bas-côtés, quinze chapelles, de beaux vitraux dans l'abside et quelques-uns dans les chapelles latérales. La nef comprend six travées. Les voûtes élancées sont garnies de nervures prismatiques.

Il y avait un jubé qui fut démoli en 1768, parce qu'il nuisait à la perspective de l'édifice, et qu'il empêchait les fidèles, qui étaient dans la grande nef et les collatérales, de s'édifier par la vue du prêtre à l'autel pendant le saint sacrifice de la messe.

Les boiseries des stalles sont moins finement découpées qu'à Brou et moins saillantes; les lignes et tailles des miséricordes ont cependant un cachet fort original et donnent une idée de la caricature du temps. Il y a sous la voûte un beau pendentif. Le Christ remarquable qui se voit au fond du chœur était, en 1789, dans la salle des Etats de Bresse. La chaire est une des plus belles de France; elle est en bois, d'un beau style, avec des formes amples et nobles; elle ne déparerait pas nos plus belles cathédrales.

M. Georges de Soultrait trouve que les stalles, commencées en 1512 et 1513, présentent le style gothique dans toute sa pureté, et qu'elles sont intéressantes au double point de vue de l'art et de l'iconographie.

Quelques tableaux méritent d'être remarqués : ceux de la chapelle de la Vierge et de la chapelle du Purgatoire. Dans la chapelle de saint Michel, il y avait un saint Jérôme dans le désert, fort ancien et fort estimé; dans la sacristie, on admirait aussi des tableaux longtemps attribués à Albert Durer, et qui, dans tous les cas, sont d'un bon maître. — Ces tableaux ont été, depuis quelque temps, placés dans les appartements du presbytère.

En 1793, la démolition du clocher de Notre-Dame fut décrétée et commencée sous le proconsulat du fameux Albitte ; mais le premier ouvrier qui voulut enlever la croix fut pris de vertige et tomba sur le parvis où il se brisa la tête : on vit là un avertissement du Ciel, et, fort heureusement, l'on s'arrêta. La partie supérieure de la tour fut cependant démolie, puis remplacée plus tard par le dôme écrasé que nous voyons ; mais l'effet n'est plus le même. Néanmoins, la façade de Notre-Dame est encore d'un bel aspect. Quand, le soir, les lueurs argentées de la lune se jouent sur cette façade de pierre noircie par le temps, il y a là un effet imposant qui impressionne l'âme et saisit vivement les artistes (1).

---

(1) M. Jules Baux a écrit une excellente Histoire de l'église paroissiale de Bourg-en-Bresse. — Un vol. in-12 ; prix 1 fr. 50 c., à la librairie de Fr. Martin-Bottier.

M. Georges de Soultrait a publié une Notice spéciale sur les stalles de l'église Notre-Dame de Bourg.

Un legs de 20,000 francs a été fait par M. Alfred Bon, avocat, pour le rétablissement du clocher de Notre-Dame dans son état primitif.

Eglise de Brou.

Ce splendide édifice est élevé à l'extrémité du faubourg de Brou, sur un sol riche en débris d'antiquités romaines : c'est à un kilomètre de la ville.

Le motif de l'érection de cette église est des plus touchants : c'est un vœu de Marguerite de Bourbon pour demander la vie de son époux; il fut accompli par Marguerite d'Autriche, sa belle-fille. Elle fit appel aux artistes de la Flandre, de l'Allemagne et de l'Italie pour ériger ce magnifique édifice que tous les voyageurs veulent aujourd'hui visiter.

Nous ne redirons pas ici son histoire écrite par plusieurs écrivains et archéologues (1). Les premiers fondements en furent jetés en 1506; les travaux commencèrent en 1511; on couvrait en 1521.

Van-Boghen, flamand d'origine, est le véritable architecte de Brou, malgré certaines légendes restées dans les traditions populaires.

---

(1) Voir l'*Histoire de l'église de Brou*, par M. J. Baux ; la *Notice du P. Rousselet*; le *Poème de M. de Moyria* avec une *introduction*, par M. Edgar Quinet ; — l'*Album de Brou*, avec de beaux dessins imprimés à Paris.

L'étranger fixera son attention sur les mausolées en marbre de Marguerite de Bourbon, de Philibert-le-Beau, son fils, et sur celui de Marguerite d'Autriche, épouse de ce prince. On ne se lasse pas d'admirer la délicatesse et la multiplicité des détails, la finesse des statuettes, la profusion des ornements.

Dans la chapelle de la Vierge, il y a un rétable en marbre de la plus grande richesse; ce sont les mystères de la Vierge, surmontés par l'Assomption et le Père-Eternel; le tout d'une légèreté surprenante.

Le jubé est ce qu'il y a de plus beau en ce genre : c'est tissé à jour comme un voile de dentelle.

Les stalles sont toutes sculptées en relief avec beaucoup de hardiesse et de talent; elles représentent les figures de l'Ancien et du Nouveau Testament.

Les vitraux sont très-précieux et très-riches ; ils offrent fréquemment les images de Philibert et de Marguerite avec leurs patrons et patrones. Partout les initiales 𝔓. 𝔐. sont attachées avec des lacs d'amour parsemés de marguerites.

L'église est vaste, bien proportionnée et d'une blancheur primitive : tout l'ensemble fait naître dans l'âme de l'artiste ou de l'homme religieux les sensations les plus élevées et les plus salutaires.

On peut encore apercevoir dans le chœur quelques-unes des briques émaillés qui le décoraient autrefois, et qui ont été usées par les pieds des visiteurs.

La façade principale est ornée de statuettes et de rosaces; elle se déploie avec une rare élégance sur une belle campagne. Les portes latérales de sud et de nord ont aussi un mérite qui serait mieux apprécié si elles étaient dégagées des murs qui les masquent.

Les corps des deux princesses et celui de Philibert-le-Beau sont déposés dans des caveaux existant sous le mausolée du milieu. Le 17 septembre 1856, on a pénétré dans ce caveau. On a refait les cercueils des deux princesses, et, le 2 décembre 1856, il y a eu grande cérémonie en présence d'un délégué du roi de Sardaigne pour l'exhumation et la translation des restes mortels des augustes personnages qui reposent dans cette basilique toute royale. Un procès-verbal en a été dressé en présence d'une commission dont M. Jules Baux était secrétaire.

Eglise de Saint-Joseph (autrefois des Jacobins.)

Cette église est plus ancienne que l'église Notre-Dame et que la basilique de Brou. Malgré la transformation presque complète qu'elle a subie, nous dirons quelques mots de son histoire.

Le voyageur ne peut se dispenser de visiter cet édifice auquel se rattachent quelques souvenirs.

Aymon, comte de Savoie, voyant prospérer l'ordre des Dominicains, voulut leur destiner une église dans sa ville natale ; il fit commencer quelques travaux en 1334 ; mais ce fut Amé VIII, premier duc de Savoie, qui fit bâtir, en 1415, l'église et le couvent des Jacobins. La construction ne fut achevée qu'en 1494. Ce prince, qui eut la faiblesse d'accepter la thiare pontificale sous le nom de Félix V, accorda aux Jacobins de Bourg de grands priviléges. Divers bienfaiteurs vinrent en aide à l'établissement, et le portail des Fontanettes, qui existe encore à côté de la fontaine dite des Jacobins, a été bâti aux frais des Guillon, seigneurs des Bertrandières. La principale entrée était sur la rue du Collége, au quartier de la Verchère, un des plus anciens de la ville : là se trouvaient deux portails à la suite l'un de l'autre. Le premier avait été construit par Thomas Bergier, seigneur de Corrobert, et le deuxième par les Lyobard, seigneurs de la Cras. On a pu voir encore, avant 1855, les niches de la façade primitive. Elles donnaient, comme le portail encore existant, une idée exacte de cette belle et gracieuse architecture du XV⁰ siècle.

L'intérieur de cette église n'était guère moins vaste que celui de Notre-Dame; quelques chapelles sont à ogives, d'autres à plein cintre, ornées de fleurons et d'ouvrages de sculpture qui devaient produire un bel effet. Il y a aussi des chapelles enrichies d'archivoltes d'un charmant travail. Il y avait un jubé d'un style grave qui s'enlaçait d'ornements bien travaillés, quoique différant beaucoup de la coquetterie de celui de Brou.

On remarque sur un écusson de la voûte du bas côté le millésime de 1481, qui prouve que l'église ne fut point achevée d'un seul coup : il régnait d'ailleurs beaucoup d'irrégularité dans l'architecture. Plusieurs familles seigneuriales y ajoutèrent des chapelles avec leurs écussons et leurs armoiries, et les choisirent même pour le lieu de leur sépulture.

C'est dans l'église des Jacobins que les Etats-

Généraux de Bresse tinrent leurs réunions en 1787 et en 1789.

Aujourd'hui, tout cet édifice a été repris et réédifié, en quelque sorte, par les soins de la Congrégation de Saint-Joseph, qui y a établi son Noviciat.

Dans l'intérieur, se trouve une chaire qui servit autrefois, sous la halle de Bourg, à saint Vincent Ferrier, célèbre prédicateur de l'ordre des Dominicains. Une inscription latine du savant M. Belloc, ainsi conçue, en a conservé le souvenir :

SANCTVS · VINCENTIVS · FERRERIVS
APOSTOLATV
SAECVLO · XIV · PER · GALLIAS
SVSCEPTO
DE · HOC · SVGGESTV
CONCIONES · IN · VICO · MERCATORIO
PALAM · HABVIT
POPVLO · BVRGENSI
IN · VNITATE · FIDEI
CONFIRMANDO

Au fond de l'église, à droite, se trouve une chapelle qui a reçu le cœur de Mgr Devie, premier évêque de Belley depuis la révolution ; vis-à-vis, se voit une autre chapelle qui a reçu les reliques de saint Clément. Ces deux édicules, en marbre, sont dus aux dessins de M. Dupasquier ; il y a aussi des vitraux modernes assez remarquables.

La façade actuelle, qui s'avance sur la rue du Collége, a été édifiée, de 1856 à 1858, sur les plans de M. l'architecte Dupasquier : elle est dans le style ogival avec d'élégantes rosaces qui ont été fouillées sur place. La pierre, bien taillée, vient des carrières de Drom; les travaux ont été conduits avec activité par le sieur Chanut, entrepreneur de Bourg. Cette façade perd beaucoup à être environnée de maisons et ne se projetant que sur une rue étroite. Dans les années 1854 et 1855, on a élevé le grand bâtiment des classes qui est à l'extrémité de la rue du Collége et celui qui le joint, et où l'on rencontre une certaine profusion architecturale; il est percé de fenêtres byzantines avec meneaux sculptés, orné de plusieurs médaillons aux armes des évêques de Belley, et harmonisé d'une attique en feuillages sculptés régnant sur toute la longueur du bâtiment, à l'intérieur comme à l'extérieur.

Dans la cour principale du couvent, on aperçoit la tour de l'horloge avec clochetons ; elle a été élevée en 1855 et a reçu sept petites cloches.

Le Noviciat de St-Joseph compte sept à huit cents religieuses répandues dans toutes nos communes, tenant des écoles et des établissements de bienfaisance. La maison de Bourg a plusieurs pensionnats et des écoles de filles à divers degrés, ainsi qu'une salle d'asile. La supérieure générale est la R. M. sœur Saint-Claude.

Chapelles diverses.

S'il s'agissait de parler ici des anciennes églises, nous dirions qu'il en existait douze avant la révolution; cinq appartenant à des congrégations d'hommes : celles des Augustins, des Cordeliers, des Jacobins, des Capucins, des Lazaristes; quatre dans des maisons religieuses de femmes : les Claristes, les Ursulines, les Visitandines, les Augustines; à cela il faudrait ajouter les chapelles du Collége, de la Charité, des Pénitents.

Il y avait aussi quelques oratoires fréquentés. Dans la rue des Ursules, se trouvait la chapelle de Saint-Antoine, dernier vestige d'une très-ancienne église d'Antonins, rebâtie en 1385 et démolie après

1600. « Il y restait, dit M. Thomas Riboud, un saint sépulcre dont les arts faisaient quelque cas. »

Le couvent des Saintes-Claires était situé vers l'entrée du greffe du tribunal actuel; les Ursulines occupaient l'espace où est aujourd'hui placée l'École Normale primaire. Le couvent et la chapelle des Visitandines sont transformés en caserne, rue Bourgmayer. Tous ces anciens édifices religieux ne se voient plus d'une manière complète que dans les gravures de vieux ouvrages devenus rares.

Mais parlons plutôt de ce qui est actuellement que de ce qui a existé : tel est le but de cet *Indicateur*.

Les chapelles actuelles de nos établissements n'ont rien de très-remarquable. Celle de l'Hôpital est éclairée par un beau dôme; celle de la Visitation est petite, mais bien ornée; celles de la Charité, des deux établissements d'Aliénés, des Incurables, de la Providence, sont plutôt sévères qu'élégantes, et surtout destinées spécialement au service de chaque maison.

Elles ne peuvent que faire regretter l'architecture vraiment religieuse de nos anciennes chapelles. La ville de Bourg a beaucoup à faire, sous ce rapport, pour regagner ce qu'elle a perdu.

Nous serons certainement agréables à nos lecteurs en plaçant ici quelques distiques élégants qui énumèrent et caractérisent d'une façon heureuse tous nos pieux édifices.

Dénombrement des Eglises et Chapelles de Bourg.

I.

Le chrétien peut à Bourg, quand la cloche l'appelle,
Choisir entre huit seuils d'église et de chapelle.

Notre-Dame émeut l'air par son bourdon doré ;
Sa Vierge avec effroi tient l'enfant adoré.

L'église du *Collége* avec son mur maussade
Depuis bientôt un siècle attend une façade.

La nef de *Saint-Joseph* s'allonge et va cacher
Aux regards des passants le plus charmant clocher.

Au sanctuaire étroit des sœurs *Visitandines*
On voit s'agenouiller les belles citadines.

La *Charité* sans luxe offre journellement
Le divin sacrifice et le recueillement.

L'évêque a rebéni l'autel des *Incurables*,
Qu'ont en quarante-huit souillé des misérables.

La *Magdeleine* inspire aux âmes d'alentour
Sur la faiblesse humaine un pénible retour.

De l'*Hôpital* enfin la chapelle doit plaire,
Avec son fronton grec et sa coupole claire.

II.

Hors la cité, parmi les champs et les prés verts,
A certains jours encor trois lieux saints sont ouverts.

La *Providence*, assise au bord d'une colline,
Auprès du tabernacle élève l'orpheline.

Les jeunes *Orphelins*, sur un autre coteau,
Quittent pour prier Dieu la bêche et le râteau.

Avec ravissement de là le regard tombe
Sur *Brou*, dont Marguerite a fait sa noble tombe.

III.

Le service divin se célèbre à huis-clos
Dans quatre lieux d'étude ou de cris et sanglots.

A l'*Ecole normale* une modeste enceinte
Retentit depuis peu de la parole sainte.

A l'établissement des *Frères de la Croix*,
L'essaim bruyant se tait devant le Roi des rois.

Pour rendre la raison à leur esprit bizarre,
Un prêtre dit la messe aux fous de *Saint-Lazare*.

L'abbé de la *Prison* la dit aux criminels,
Pour qu'ils tournent leurs yeux vers les biens éternels.

Honneur à la cité qui compte dix mille âmes
Et qui sur quinze autels voit de pieuses flammes !

Ph. Le D...

Bourg, décembre 1855.

Monuments civils et établissements de bienfaisance.

Il y a peu de monuments anciens dans la ville de Bourg et surtout remontant à la domination romaine.

Il est certain cependant que l'on a trouvé et que l'on trouve encore sur le territoire de Brou des médailles, des vases, des poteries, des fragments d'armes attestant le passage et le campement sur ce point de quelque légion romaine. On peut consulter à ce sujet les mémoires de M. Riboud et les ouvrages de M. Sirand.

Dans la rue de la Pompe-Bourgmayer, on trouve, encastré dans le montant d'une porte de la maison Montburon, un fragment d'inscription ainsi conçu :

```
L DECMIVS DECEMBRICVS FRATER GERMA
NVS ET DECMIA DECMIOLA SOROR GER
MANA                    POSVERVNT.
```

Cette pierre sépulcrale était gravée en mémoire d'un frère par les soins de *Lucius Decmius Decembricus et de Decmia Demiola*. Les caractères sont beaux et paraissent appartenir au deuxième siècle.

Dans une salle de la bibliothèque, il a été déposé un autel dédié à Apollon, avec une inscription à peine lisible. On pense que cet édicule peut être aussi du deuxième siècle, et qu'il a été apporté de Belley où l'on trouve encore plusieurs beaux monuments semblables.

Les autres inscriptions de ce genre qu'on rencontrait dans notre pays ont presque toutes disparu.

La prison actuelle a été bâtie en 1817 sur un ancien château des ducs de Savoie.

La plupart des édifices publics de Bourg ont été construits dans la seconde moitié du siècle dernier. L'hôpital et la nouvelle préfecture méritent surtout d'être visités.

—

Préfecture ancienne.

C'était l'hôtel de la province, et primitivement l'hôtel particulier de M. Jean-Bernard Riboud, maire de Bourg et syndic de la province, qui l'avait fait construire vers 1750.

Il fut acquis le 21 octobre 1755 par les syndics

généraux du Tiers-Etat de Bresse qui dès lors y tint ses assemblées. Les archives des trois ordres y furent déposées et un corps de logis fut abandonné gratuitement à la commune pour servir d'hôtel-de-ville.

Les intendants de Bourgogne, qui étaient de grands seigneurs et qui visitaient leur gouvernement accompagnés d'une suite nombreuse, s'installaient à l'hôtel de la province et leurs séjours prolongés témoignaient qu'ils s'y trouvaient bien. Il y a un grand salon, des appartements, des bureaux et un jardin. Cet édifice est d'une architecture des plus simples. Là sont aussi les archives départementales. A l'organisation des départements, cet hôtel devint la résidence du préfet. Mais avec l'accroissement des services et du luxe dans les habitations, le bâtiment était devenu insuffisant pour le premier administrateur du département. Un nouvel hôtel de préfecture a donc été élevé en face de la place Joubert.

Préfecture nouvelle.

Après bien des enquêtes, et après une exploration sérieuse des divers côtés de la ville, le Conseil général a décidé qu'un nouvel hôtel de préfecture serait élevé vis-à-vis la pyramide Joubert, en dehors de l'enceinte des fortifications, sur l'emplacement occupé jadis par la maison Durand et autres. Les plans de cet édifice ont été confiés à M. Charles Martin, architecte départemental. Les travaux ont été exécutés par M. Card, entrepreneur, de Besançon.

Le 6 septembre 1855, a été posée, avec une grande solennité, la première pierre de cet édifice, aujourd'hui un des plus riches de notre ville.

Cette construction est faite tout à la fois sur un plan vaste, gracieux, et selon les bonnes traditions architecturales; elle se compose de deux ailes destinées aux bureaux, aux archives et aux services divers; dans le fond se trouve le bâtiment principal avec sa double façade à pilastres et colonnes. Les matériaux sont parfaitement choisis, et la taille, quoique faite sur pierre dure, est des plus remarquables; les moulures et les sculptures diverses ont été exécutées avec le plus grand soin. Ce sera désormais un modèle du genre pour nos ouvriers. Quant à la façade extérieure regardant l'est et le midi, elle embrasse le plus bel horizon que pouvaient offrir les divers sites de notre ville. De ce côté aussi la façade se dessine avec ampleur et déploie à l'œil tout le mérite architectural de l'édifice. La vue s'étend sur tout le rideau des montagnes du Revermont, ayant sur le premier plan Brou et l'Hôpital; quelques échancrures des montagnes du Bugey se montrent au-dessus; et enfin, sur la droite ou le midi, le coup-d'œil se prolonge sur de fertiles campagnes et sur les aspects grandioses de la vaste forêt de Seillon.

Il était difficile de trouver un site plus étendu et plus pittoresque, et nous conseillons aux touristes et aux peintres de s'y arrêter un instant.

D'élégantes terrasses, de vastes jardins, des massifs de belles fleurs, des cours d'eau, font de tout ce côté de la nouvelle préfecture une perspective des plus remarquables.

Quand un département élève un pareil édifice au chef-lieu, il ne saurait lui donner trop de grandeur et de distinction : cela est destiné à de longues générations, et l'étranger mesure l'intelligence d'un pays à la splendeur de ses édifices religieux, hospitaliers ou civils. Nous serons donc bien partagés désormais.

Une belle médaille en bronze a été frappée à l'occasion de la pose de la première pierre, elle porte d'un côté l'effigie de Sa Majesté l'Empereur Napoléon III, et de l'autre l'inscription suivante :

6 SEPTEMBRE 1855
POSE ET BÉNÉDICTION
DE LA PREMIÈRE PIERRE
DE L'HÔTEL DE PRÉFECTURE
DE L'AIN
M. LE COMTE E. DE COETLOGON
PRÉFET DE L'AIN.
Mgr CHALANDON ÉVÊQUE DE BELLEY
M. LE COMTE DE JONAGE
PRÉSIDENT
DU CONSEIL GÉNÉRAL
CHARLES MARTIN
ARCHITECTE.

L'hôtel a été commencé sous M. de Coëtlogon. Les travaux d'ornementation et de décorations intérieures, la création et la plantation de son magnifique jardin ont été faits sous l'administration préfectorale de M. Segaud.

Hôtel-de-Ville.

Il a été construit avec de beaux matériaux en 1771, et a ses ouvertures principales sur la place d'Armes. Cet édifice est couronné par un fronton aux armes de la ville, avec des trophées d'armes sculptés ; il est orné de deux fontaines jaillissantes, et ne manque pas d'élégance dans son ensemble. Il masque malheureusement l'ancien hôtel de la préfecture et rétrécit l'entrée de la rue Crêve-Cœur très-fréquentée. Là se trouvent les archives anciennes de la ville et des registres consulaires qui datent du XVe siècle. Le grand salon est consacré à un musée de tableaux dont il sera question en son lieu et place. Ce musée s'agrandira probablement des bureaux qui, plus tard, seront répartis dans les bâtimens de la préfecture actuelle, dont la ville a fait l'acquisition.

La caisse d'épargne a ses bureaux dans les bâtiments de l'hôtel-de-ville.

—

Boucheries.

L'établissement des boucheries a été construit en 1774 ; il est formé d'étroites boutiques au-devant desquelles s'étendent de lourdes arcades. C'est un bâtiment à peu près abandonné et qui devra aussi recevoir une autre destination plus conforme aux besoins locaux et à la propreté nécessaire aujourd'hui dans l'intérieur des villes.

Théâtre.

Il fut élevé en 1776 sans aucune ornementation extérieure. Il y a deux rangs de loges, un amphithéâtre et un parterre assis. La salle est d'une assez bonne coupe, assez vaste pour le public, mais demandant de grandes réparations pour répondre à l'élégance désirable. La scène est cependant bien proportionnée; il y a quelques jolis décors. La salle est éclairée au gaz. Il y manque un foyer pour se chauffer en hiver et une terrassse pour aspirer la fraîcheur en été. Tout cela est facile à établir, quand il y aura des ressources suffisantes.

Halle au Blé.

C'est là une des plus utiles constructions de notre cité, une des sources de sa richesse; elle a été élevée en 1776 sur un plan circulaire; elle est à ciel ouvert dans le milieu et couverte dans le pourtour ; elle a été augmentée, il y a quelques années, d'une *Halle aux menus grains*. Les marchés se tiennent tous les mercredis, et le premier mercredi de chaque mois est toujours un jour de foire. Il s'y fait un grand commerce de grains ; c'est un des principaux marchés de la Bresse. La circulation est toujours difficile aux abords de la Grenette, les jours de foire surtout, et tout ce qui contribuera à son dégagement sera bien accueilli

Hôpital.

On ne peut assigner de date précise à l'origine de l'hôpital de Bourg dont la fondation est très-ancienne, comme celle de la plupart des établissements de même genre.

Il occupa dans le principe le rez-de-chaussée de l'hôtel commun de la ville, sous le titre d'hôpital de Sainte-Marie, et l'administration entière en appartenait aux syndics. Ce fait est consacré par les anciens titres et monuments qui sont encore aux archives de la ville.

Etabli plus tard au centre de la ville, sur l'emplacement même de la rue Neuve, ses bâtiments et dépendances aboutissaient à la fois place d'Armes, rue Pêcherie, rue d'Espagne, rue des Cordeliers, rue et place de l'Etoile.

Cet établissement charitable fut successivement approuvé par lettres patentes de Philippe, duc de Savoie, en 1482, d'Henri IV en 1601, et de Louis XIV en 1708.

Les pieuses libéralités dont il s'est enrichi ont permis vers la fin du siècle dernier la construction des bâtiments actuels qui ont doté notre cité d'un de ses plus beaux et de ses plus utiles édifices.

Une façade s'étend sur le faubourg Saint-Nicolas, et au côté opposé sur les bords de la Reyssouze. Il a été commencé en 1781, sur les plans de M. Pâris, architecte du cabinet du roi; les travaux ont été dirigés par M. Chauverèche, architecte de Bourg. L'édifice n'a été terminé qu'en 1790. Il renferme de vastes salles pouvant contenir plus de 160 lits, outre ceux des chambres particulières. On y remarque un escalier princier qui conduit à la salle du premier étage, qui a été fait, dit-on, sur le modèle de celui du palais Pitti, à Florence; il vaut la peine d'être visité. Tout est entretenu dans cet hospice, confié aux sœurs de Saint-Joseph, avec un soin remarquable. Du haut des grands balcons qui s'ouvrent sur la campagne, on a le développement d'un panorama étendu et varié ; les regards embrassent de vastes prairies arrosées par la modeste Reyssouze, et vont se perdre sur les montagnes du Jura, en suivant les coteaux accidentés et gracieux du Revermont. Lorsqu'on mesure l'ampleur de notre hôpital, la variété de ses dépendances et de ses jardins, on ne peut que remercier nos pères de l'avoir édifié sur d'aussi belles proportions. Quand un département ou une ville édifie quelque monument, il faut toujours que ce soit en vue de l'avenir. On n'a donc aujourd'hui qu'à se féliciter des sacrifices faits pour la construction de notre Hôtel-Dieu : c'était de l'argent bien placé.

Hospice de Charité.

Les premiers fondements de la Charité de Bourg ont été jetés en 1687 par Mme Crolet, veuve de M. Brunet, conseiller au parlement de Metz, qui fit donation de ses biens aux syndics de la ville de Bourg, à la charge de recevoir des enfants pauvres dans une maison désignée à cet effet par la fondatrice, au centre de la ville, rue *Vieille-Charité*.

Cet établissement fut autorisé en 1695 par lettres patentes du roi Louis XIV, sous le nom d'Hôpital général dit Charité de la ville de Bourg.

Des libéralités ayant successivement accru le patrimoine des pauvres, les recteurs et administrateurs, qui avaient reconnu l'insuffisance et l'insalubrité du local dans lequel avait été inauguré l'œuvre naissante, votèrent en 1740 la construction des bâtiments actuels qui s'élèvent à l'entrée du faubourg de Mâcon, dans une situation agréable, d'où le regard plonge sur les fertiles plaines de la Bresse.

C'est seulement à dater de 1822, époque de la suppression du dépôt de mendicité, que la Charité a commencé à recevoir des vieillards indigents.

Cet établissement, qui est aujourd'hui le seul hospice dépositaire des enfants assistés du département, n'étant plus en rapport avec les exigences toujours croissantes du service, doit plus tard recevoir tous les développements que comporte sa destination charitable.

Collége de Bourg. — Lycée.

Le collége de Bourg remonte au XVe siècle. Il ne se composait alors que de cinq chambres. L'historien

Guichenon, pendant qu'il fut syndic de la ville de Bourg en 1639-1640 travailla très-activement à doter notre ville d'un établissement d'instruction publique à la hauteur des grandes études (1). En 1644 les Jésuites demandèrent au conseil de la ville la direction du collége; ils obtinrent aussi des legs de dame Louise de Monspey de Béost qui leur permirent d'édifier des bâtiments au-devant desquels on lit sur un portique : *Religioni et bonis artibus*. Ils élevèrent aussi en 1660 la chapelle dont la façade n'a malheureusement jamais été achevée; elle est vaste, bien éclairée, ornée d'une jolie chaire en bois. Le style de cette chapelle est celui de la renaissance, fort en usage chez les Jésuites.

En 1763, la proscription s'abattit sur les Jésuites, qui furent obligés d'abandonner l'établissement.

En 1784 on trouve le collége occupé par dix prêtres séculiers.

Après la révolution on installa dans ces bâtiments l'Ecole centrale qui compta parmi ses professeurs le célèbre mathématicien Ampère; puis avec l'établissement de l'Université, le collége fut confié à des laïques.

(1) On trouvera dans l'ouvrage intitulé : *Correspondance de Guichenon*, publié par M. Jules Baux, archiviste du département, des détails étendus et complets sur l'histoire de notre collége.

Un décret de Napoléon III ayant érigé le collége en lycée, on éleva, en 1856, les bâtiments qui sont au midi avec la grande cour des classes. Cet établissement, bien situé, a de vastes jardins, des salles d'ombrage et de vastes dépendances. Il est dans une excellente position.

Le 26 mars 1857, le lycée a été inauguré avec solennité par M. de la Saussaye, recteur de l'académie de Lyon, et béni par Mgr Chalandon, évêque de Belley et nommé déjà archevêque d'Aix. M. Olivier, proviseur. — M. Ch. Martin, architecte du département, a fourni les plans des constructions nouvelles.

Bibliothèque.

La bibliothèque de la ville fut longtemps placée dans un bâtiment dépendant du collége. Depuis quelques années, elle a été transportée dans un bâtiment spécial, construit à côté du presbytère, et dont l'entrée donne sur l'avenue de la place Bernard. Il n'existait pas de bibliothèque publique, à Bourg, avant 1789. Quand les collections de ce genre, réunies par les couvents, devinrent biens nationaux, on eut la pensée de les réunir au chef-lieu du département : ainsi ont été préservés d'une dispersion certaine et d'une destruction probable des dépôts dont la perte eût été impossible à réparer. Les Bénédictins et les Augustins sont donc les premiers fondateurs de la bibliothèque de Bourg.

Diverses collections privées l'ont aussi enrichie. Une d'entre elles est encore reconnaissable aux reliures et surtout à l'écusson armorié, étranger au blason de Bresse et Bugey ; elle se composait de bons ouvrages de morale, d'histoire ecclésiastique et de quelques manuscrits.

Une histoire de Bresse et Bugey, avec notes marginales de Guichenon, provient de cet auteur, ainsi que deux volumes manuscrits, contenant des pièces relatives à l'histoire locale : c'est dans ces volumes, à lui confiés, que M. Jules Baux a trouvé la chronique de Fustallier (1).

Le gouvernement a, à diverses reprises, par des dons importants, fort augmenté ce dépôt qui contient environ sept mille ouvrages et environ vingt mille volumes. C'est de cette source que proviennent la collection des classiques Lemaire, celle des docu-

---

(1) Cette chronique, déchiffrée et traduite par M. J. Baux, a été imprimée à un très-petit nombre d'exemplaires par M. Louis Perrin, aux frais de M. Yéméniz.

ments sur l'Histoire de France, les OEuvres des commissions d'Egypte et de Morée, la Statistique monumentale de Paris, la Monographie de Saint-Savin, etc., etc.

Les éditions du premier siècle de l'imprimerie y sont assez nombreuses : l'histoire ecclésiastique et l'histoire proprement dite y sont mieux représentées que les autres spécialités.

Il a été placé à l'entrée de la salle principale un buste en bronze du célèbre astronome Jérôme Lalande, et celui de M. Marc-Antoine Puvis, qui rendit de grands services par ses ouvrages sur l'agriculture.

Cette bibliothèque est une des plus remarquables de nos petites villes de province; elle offre de grandes ressources aux hommes studieux. Elle est tenue avec ordre et confiée aux soins de M. Jarrin, bibliothécaire instruit, qui a l'amour et la connaissance des livres.

Société impériale d'Émulation de l'Ain.

Cette Société tient ses séances dans une salle dépendant de la bibliothèque. L'astronome Lalande avait organisé en 1755 une compagnie littéraire qui se dispersa bientôt. La Société actuelle remonte à 1783 et fut fondée par M. Thomas Riboud avec la coopération de plusieurs citoyens de Bourg. Ce n'était d'abord qu'une société littéraire, mais elle a depuis agrandi son domaine; elle s'occupe de sciences, d'agriculture, de belles-lettres, d'antiquités, et de tout ce qui peut être utile au pays. Elle est souvent consultée par le gouvernement et l'administration sur des questions d'intérêt général ou particuliers au département. Elle a sa bibliothèque à elle, son Journal mensuel, un médaillier et diverses collections précieuses. Elle a eu pour présidents, MM. Thomas Riboud, Puvis, Rodet; pour secrétaires, MM. Gabriel de Moyria, Lateyssonnière, Pommier La Combe, Phil. Le Duc, Ch. Jarrin.

La Société possède un herbier complet, don de M. Augerd, botaniste, de Saint-Rambert.

Elle a des membres résidants et des membres correspondants; elle ouvre des concours, décerne des primes, reçoit et encourage les publications utiles au pays. Elle tient régulièrement ses séances tous les quinze jours, entend des lectures, accueille des communications : c'est une des plus anciennes sociétés littéraires de France.

Musée Lorin.

Ce musée est placé dans le grand salon de l'Hôtel de Ville, approprié à cet effet. Il provient d'un legs de Mme Lorrin, née Frèrejean, femme de M. Lorrin, membre du conseil général de l'Ain. Elle légua à la ville de Bourg sa grande et belle collection, de près de cent tableaux, patiemment et à grands frais rassemblés par son mari. On y remarque plusieurs toiles de prix, sorties de diverses écoles. Un Ribera, des Canaletto, un Ruisdaël, un Téniers, des Albert Durer, des Bourguignon, des Claude Lorrain, un Boucher, etc. Un grand et beau tableau représentant une visite de François Ier à l'église de Brou a été donné par le gouvernement. Depuis il a été fait l'acquisition d'un tableau de grande dimension attribué à Guido Reni, célèbre peintre florentin. Il porte sa signature avec le millésime de 1620. Ce tableau représente Elisabeth de Hongrie déposant sa couronne aux pieds de la Vierge; saint Joseph, saint Bruno, et un ange tenant une croix. Ce tableau, rentoilé et restauré aujourd'hui, est un des plus beaux du musée, quel que soit son auteur vrai.

Avec ses peintures, Mme Lorrin a fait don de plusieurs meubles antiques, très-remarquables. — Ce musée a été solennellement inauguré le 10 décembre 1854, par M. Ch. Bernard, maire. — Il est ouvert au public les dimanches et jours de fête. — Il y a un livret.

Ecole normale de l'Ain.

Cet établissement, destiné à former des maîtres d'école pour nos campagnes, est placée à l'entrée de la rue des Ursules, sur l'emplacement même où était l'ancien couvent de ce nom. Quelques additions récentes ont donné aux bâtiments une physionomie plus correcte. Un jardin bien cultivé est joint à la maison. On y enseigne aux élèves-maîtres la culture des champs et des jardins, la conduite et la taille des arbres.

Maison des Orphelins.

Sur le joli coteau de Bel-Air qui domine notre ville et d'où la vue s'étend au loin, a été placée cette petite colonie d'orphelins. Là ils sont occupés uniquement de travaux des jardins et des champs. Le terrain qu'ils travaillent montre les plus belles cultures, de beaux espaliers : ce sera, dans quelque temps, un jardin-modèle. Fondé par souscriptions, aidé par des legs généreux, cet établissement mérite d'être soutenu, encouragé, et pour son but et pour les services qu'il est appelé à rendre.

Maison des Orphelines.

Cette maison, qui a pris de grandes proportions, domine le bassin de la Reyssouze du côté du bois de Bouvent.—Près de cent orphelines y sont réunies et élevées dans les travaux de la couture, du ménage et de la cuisine.—Depuis quelque temps, on y a joint des métiers de soierie pour une maison de Lyon. Quatorze métiers fonctionnent et fabriquent le satin uni. Une école pour les sourdes-muettes complète toutes les ressources que présente cette vaste et intéressante maison.

Ecole des Sourds-Muets.

Une institution de jeunes sourds-muets est établie sur le faubourg Saint-Nicolas, dans la maison dite *Magasins de la Providence*. — Une somme de

50,000 fr., attribuée au département de l'Ain par le legs de Napoléon Ier, a servi à fonder cette Ecole qui compte aujourd'hui quinze élèves sourds-muets.

École d'Accouchement.

Cette école est située dans l'intérieur de la ville, rue Cropet; elle reçoit des élèves venant d'autres départements; elle fut fondée par M. le docteur Pacoud, qui a acquis une juste renommée dans l'art des accouchements et fit faire des progrès à cette science. Le professeur actuel est M. le docteur Pic, petit-fils du docteur Pacoud, avec Mmes Renaud et Page, sous-maîtresses distinguées et plusieurs fois récompensées.

Maison des Incurables.

Elle a été transportée, en 1856, dans les bâtiments dits du Bon-Pasteur, vis-à-vis du Quinconce. Cette maison était restée inoccupée depuis sa dévastation qui suivit la révolution de 1848. Alors furent dispersées les sœurs de la maison d'Angers qui l'avaient fondée. Le nom primitif du Bon-Pasteur lui a été conservé depuis sa fondation.

Hospices des Aliénés (hommes et femmes).

Ces deux établissements sont tenus par des sœurs de Saint-Joseph. Celui des hommes, dit de Saint-Lazare, est situé dans l'ancien clos des Lazaristes, sur l'emplacement où était jadis la citadelle de Bourg. Celui des femmes, dit hospice de la Magdeleine, occupe tout l'espace compris entre le Mail et la route de Lyon. — Il y a dans ces deux hospices beaucoup de sujets envoyés des départements voisins.

Mais ces deux maisons doivent être réunies en un seul établissement qui s'élève en ce moment à 3 ou 4 kilomètres de Bourg, sur la route de Viriat, au lieudit de Cuègre. Là, sur une gracieuse colline dont la vue embrasse tout le couchant et les plus fertiles plaines de la Bresse, se construit, sur les plans de M. Dupasquier, un Asile véritablement grandiose. Quoique placés dans un même bâtiment, les deux services seront complètement séparés. Il y aura une vaste chapelle et tout ce qui est commandé aujourd'hui par les progrès de l'art pour traiter l'aliénation, cette grande infirmité humaine. Les plans de cette construction paraissent aussi bien conçus que bien exécutés. — Le service médical sera organisé de manière à fournir aux familles toutes les garanties exigées par la science et l'humanité. — Un vaste enclos et des fermes agricoles permettront d'organiser le travail sur une grande échelle. Au moment où nous écrivons ces lignes (15 mai 1858), trois pavillons de la façade principale sont élevés et pourront recevoir bientôt les hommes aliénés.

Casernes.

La ville de Bourg n'a qu'une caserne d'infanterie, située rue Bourgmayer, dans l'ancien bâtiment des Saintes-Maries ; elle est dans un grand délabrement et peut contenir tout au plus 500 hommes. — Une caserne supplémentaire est établie de temps à autre, et quand il y a nécessité, dans un bâtiment dépendant du Bon-Pasteur.

Il serait vivement à désirer qu'on dotât la ville de Bourg de casernes convenables, puisqu'il y a presque toujours une garnison, composée d'un bataillon d'infanterie avec le dépôt. « La ville de

Bourg, a dit aussi M. Thomas Riboud, est également placée pour recevoir une garnison de cavalerie dont la résidence apporterait du numéraire et multiplierait les engrais. » Cette observation est encore pleine de justesse.

Tribunal et Prison.

Le tribunal est une construction moderne établie, en partie, sur l'espace occupé avant 93 par les Saintes-Claires. La distribution en est vaste et commode. Les salles du correctionnel, du civil, et surtout celle des assises, sont très-convenables.

La prison a été construite en 1817, sur l'emplacement qu'occupait l'ancien château des ducs de Savoie, transformé plus tard en prison; celui-ci avait été bâti au XVe siècle par Philippe de Savoie, comte de Bresse. Nos antiquaires supposent qu'avant le château des ducs de Savoie, il y avait là une forteresse romaine : quelques blocs de pierre, d'une dimension particulière, le feraient supposer.

Au reste, la prison actuelle est loin de suffire à tous les besoins du service. Elle réclame des agrandissements devenus nécessaires et possibles sur le jardin de la préfecture.

Glacière.

Une seule glacière existe à Bourg; c'est une propriété de la ville, mise en location; elle est située à l'extrémité d'une des allées qui bordent le Champ de Mars. Chaque hiver, il est fait une ample provision de belle glace pouvant servir à tous les besoins médicaux ou de consommation. Le glacier qui l'a prise à ferme, y a établi des jardinets ombragés où les habitans de la cité viennent, pendant l'été, consommer des glaces et se rafraîchir.

Tout à côté, se trouve le réservoir de la principale source qui alimente les fontaines jaillissantes de l'hôtel de ville et quelques autres de la cité. On a, depuis long-temps, constaté les propriétés excellentes, salutaires et apéritives des eaux qui alimentent la ville.

Au milieu du Champ de Mars, il a été fait en 1844 un essai de puits artésien qui n'a pas eu de succès. La sonde est descendue jusqu'à 100 mètres de profondeur. 20,000 fr. ont été dépensés pour cette tentative.

DES ANCIENNES MAISONS DE BOURG.

I.

La première moitié du siècle actuel a vu disparaître un grand nombre d'anciennes maisons, en même temps qu'elle a vu aussi s'améliorer considérablement et s'embellir l'intérieur de la cité. Des rues étroites ont été démolies, des passages infects et des impasses malpropres sont devenus des rues larges et bien aérées. — Ainsi, par exemple, du côté de la place du Greffe se trouvait une voûte conduisant au palais de justice; elle a disparu pour voir s'élever d'un côté l'*Hôtel du Palais*, et démasquer de l'autre les boiseries fort remarquables de la maison Jayr. M. de Saint-Didier a donné dans l'*Album de l'Ain* une vue exacte de ce passage sombre et étroit, tel qu'il se voyait autrefois.

Là où est actuellement la place Neuve, se trouvait un puits énorme, environné de cloaques avec des passages voûtés tout autour, tandis qu'aujourd'hui la place Neuve est un des endroits les plus gais et les plus commerçants de la cité.

Vers le milieu de la rue des Halles, il y avait une voûte obscure conduisant à la porte latérale de l'église Notre-Dame ; maintenant c'est la rue Bernard qui laisse arriver sur cette partie de la ville l'air purifiant du Nord.

Enfin l'église Notre-Dame a été complètement dégagée sur tout le côté méridional, et l'œil peut mesurer d'une manière complète la belle et imposante dimension de cet édifice, depuis le chevet jusqu'à la façade.

Deux faubourgs sont dignes d'une grande cité : c'est le faubourg des Quatre-Vents qui mène à la bifurcation des routes du Jura et du Revermont, et le faubourg Saint-Nicolas qui conduit jusqu'à l'église de Brou. Une belle ligne de catalpas a été plantée récemment sur la partie du cours qui longe les murs de l'hôpital, et sera poussée jusqu'à Brou.

Partout, dans l'intérieur comme sur les boulevards qui entourent la ville, on a fait des trottoirs en asphalte ou en simple béton qui rendent plus facile la circulation et la marche des promeneurs.

Plusieurs des rues de Bourg portent encore des noms qui rappellent les établissements primitifs qui y furent fondés, telles sont les rues du Gouvernement, Prévôté, des Halles, des Ursules, des Cordeliers, Vieille-Charité. Les rues Teynière, des Lices, Bourgmayer, Verchère sont les plus anciennes ; mais elles se sont rajeunies par des constructions modernes. Beaucoup de rues sont maintenant bien alignées et ne manquent pas de perspective.

Nous allons indiquer quelques spécimens des plus curieuses maisons de Bourg, et dont la construction remonte aux 14e, 15e et 16e siècles ; c'est un dernier souvenir de l'époque où la Bresse était sous le gouvernement des princes de Savoie.

Je signalerai surtout à l'angle de la place du Greffe et de la rue des Prisons, une très-ancienne maison à deux étages, en compartiments de bois, sculptés et historiés. Cette maison est citée, suivant M. Sirand, dans un acte de 1400, et il est probable qu'elle était l'habitation de Laurent de Gorrevod : c'était, en effet, pour l'époque une résidence princière.

Cette construction, avec une tour à encorbellement, qui la surmontait jadis, est tout-à-fait digne de fixer l'attention des artistes et des voyageurs. Elle est un beau reste de la richesse des habitations les plus remarquables de cette époque où les bois n'étaient pas rares et où les forêts s'avançaient jusqu'aux portes de la ville. Les montants qui font saillie sur l'ensemble de la construction sont comme autant de colonnettes ornées et taillées, et ce qui en fait le mérite, c'est que les dessins varient presque sur chaque compartiment : l'effet général est très-bizarre et très-pittoresque ; il est véritablement à désirer que quelque dessin bien exécuté lègue à nos descendants ce précieux spécimen des constructions de nos ancêtres. Les étages se superposent avec l'encorbellement que revêtaient presque toutes les habitations d'autrefois dans les villes ceintes de murailles.

C'est dans cette maison que fonctionnèrent de 1626 à 1661 les presses des Tainturier, premiers imprimeurs de Bourg, dont plusieurs éditions, rares et très-soignées, sont aujourd'hui fort recherchées des bibliophiles.

Une autre maison du même style, mais cependant moins ornementée, est celle de M. Hugon, faisant l'angle de la rue Pêcherie et de la rue du Gouvernement ; elle est également construite avec des compartiments de bois faisant saillie. Elle a le cachet moyen-âge et porte la date de sa construction, 1496. Elle est d'une structure assez singulière pour fixer aussi l'attention des étrangers.

Ces maisons, ainsi que d'autres de la même forme, plus ou moins remarquables, sont antérieures à la à la fondation des grands édifices religieux qui ont marqué parmi nous l'art du moyen-âge.

Il est, dans cette même rue du Gouvernement, un intérieur de cour du plus délicieux effet et qui a déjà excité la curiosité de nombreux artistes.

Dans une maison de nulle apparence au dehors, au n° 24, on découvre un intérieur de cour qui est comme un bijou enfoui au milieu de mâsures. Nous allons essayer de le décrire succinctement.

A droite, un puits sous une vaste arcade à plein cintre.

Tout à côté, une porte ogivale ornée et surmontée de choux; des deux côtés, des colonnettes dont la délicatesse a été altérée par le temps. Au-dessus de l'amortissement ogival se voit une sorte de niche finement travaillée où l'on plaçait le soir une lampe éclairant tout à la fois la cour et l'escalier conduisant aux appartements.

A gauche, une pierre portant des signes abréviatifs de quelque confrérie ouvrière du moyen-âge.

A droite, au premier étage, on aperçoit des arcatures où se dessinent des nervures et des écussons très-effacés, des portes à arcs surbaissés.

L'œil découvre au second étage des arcades du style flamboyant. J'ai vu une femme en briser quelques parties pour mieux étendre son linge. Quel dommage !

Une pièce de cet intérieur est vaste et ornée de vitraux en grisaille qui disparaissent malheureusement chaque jour. Une vaste cheminée en forme le fond. Sur un vitrail à droite, on voit la sainte Vierge, saint Joseph et l'Enfant Jésus. Sur un médaillon, et avec des armoiries, il y a des grappes de raisins, autour desquelles on lit ces mots : *Plus content qui bien le boit.* D'autres inscriptions en lettres gothiques sont plus ou moins déchiffrables ; toutefois on lit très-bien les mots : ASPICE FINEM, en belles lettres romaines.

Cette demeure est occupée aujourd'hui par des ouvriers qui n'ont nul intérêt à ménager les vestiges d'architecture qui la rendent si précieuse.

C'était là sans doute une maison luxueuse du temps. Son architecture et son ornementation paraissent être à peu près de l'époque de l'église des Jacobins, dont la fondation remonte à l'année 1414. Qui n'a admiré un portail de cet édifice religieux à côté de la fontaine des Jacobins, à l'angle des rues Bourgneuf et Verchère ? Il a été dessiné avec beaucoup d'exactitude par M. Leymarie dans l'*Album de l'Ain*, où nous l'avons accompagné d'une Notice sur l'église même des Jacobins.

La maison que nous venons de décrire dépendait probablement d'un couvent du voisinage et servait de demeure à quelque dignitaire religieux. Nous serions porté à croire que ce précieux débris dépendait du couvent des Cordeliers qui y aboutissait, et qui fut fondé en 1356. Peut-être était-ce la demeure d'un grand dignitaire religieux?

Il existe encore plusieurs maisons avec tourelles qui produisent un très-bel effet.

Notre génération a gardé souvenir de la Tour des Champs, singulier édifice en briques savoyardes, qui se trouvait presque à l'entrée de la place Bernard, sur l'axe de la rue qui longe la bibliothèque publique. La démolition de cette tour a excité les regrets de nos poètes et de nos antiquaires. On peut en retrouver encore quelques vieux dessins.

Presqu'au milieu de la rue Bourgmayer, la maison appartenant aujourd'hui à Mlle Rodet, présente une tourelle bien conservée, au-dessous de laquelle on lit sur un écusson le millésime de 1627 parfaitement écrit.

Dans la rue Teynière, la maison qui est actuellement la propriété de M. Gerland, est aussi flanquée d'une assez jolie tourelle. Vue à quelque distance, elle peut fournir à l'artiste un dessin qui aurait bien son mérite. Cette maison fut celle qu'habita l'historien Guichenon qui, le premier, recueillit les documents les plus importants de nos annales de Bresse, et qui écrivait en 1650.

Un peu au-dessous, du côté de la ville, où on apercevra devant la fontaine de l'Olivier, sur une petite place, une autre tourelle peu élevée, qui donnerait le premier plan du joli croquis de la maison de Guichenon, prise de ce côté.

L'hôtel de Montburon, construction bizarre, formée de bâtiments juxta-posés, présente encore une tourelle d'un effet très-pittoresque : de ce point on a une échappée qui embrasse le Bastion et le prolongement de la rue des Lices jusqu'à la place Bernard. C'est aujourd'hui un des plus beaux sujets de vue de l'intérieur de la ville ; le crayon de l'artiste saura en saisir les perspectives variées. La place des Lices a reçu, dit-on, son nom d'un combat en champ-clos qui eut lieu en cet endroit entre Othon de Grandson et Gérard de Stavayer, en 1398.

La date de 1627 que nous avons signalée au bas de la tourelle de Mlle Rodet se lisait aussi sur une porte de la maison O'Brien, démolie pour faire place à la maison Burjoud, au-dessus de la place du Greffe.

Cette date nous fixe donc sur l'époque de ces constructions. Ainsi ces tourelles n'appartenaient pas à notre système de fortifications, puisque la citadelle de Bourg, ou fort Saint-Maurice, fut démolie en 1611. La position de ces tourelles prouve aussi qu'elles se trouvaient tout-à-fait en-dedans de l'enceinte fortifiée.

J'adopterai volontiers l'opinion qui porte que ce n'était là qu'un objet d'ornement. On sait, en effet, qu'à une certaine époque les maisons des familles nobles étaient généralement ornées de tourelles : c'était même un privilége qu'elles seules possédaient.

II.

Après les maisons qui présentent plus ou moins des traces de l'architecture gothique, il faut indiquer aux visiteurs celles qui peuvent appartenir à la renaissance et qui ont bien aussi leur prix. Les croisées sont en pierres; elles sont larges et à moulures en saillie, multipliées et très-gracieuses; le jour y arrive abondamment : c'est déjà un immense progrès sur ces maisons obscures et à maigres ouvertures du moyen-âge. Celles que nous signalons doivent être postérieures au règne de François Ier, alors qu'à la suite de nos guerres d'Italie, les princes et les artistes rapportèrent toute une autre architecture, même pour les constructions particulières. Cependant il en est qui sont contemporaines du règne de ce prince. Les magnifiques travaux accomplis à l'église de Brou durent aussi donner un élan et une élégance nouvelle à l'art des constructions dans notre ville.

Un des plus gracieux échantillons de ces maisons se trouve en montant la rue Teynière, au n° 9, vis-à-vis la maison de M. de Gerland. La taille et la coupe de ces ouvertures mériteraient les honneurs du dessin ; elles ont d'ailleurs une grande ressemblance avec celle que M. Leymarie a donnée dans l'*Album de l'Ain*, et dont il avait pris le croquis en passant à Meximieux. Cet artiste intelligent admirait beaucoup la forme distinguée de ces ouvertures.

On peut assigner encore, comme appartenant à la même époque et ayant un certain mérite artistique, la maison de M. Dufour, faisant l'angle de la place du Greffe et de la rue de l'Etoile, où était établie la chancellerie de Savoie, et quelques autres, situées au milieu de la rue des Halles, côté du midi, aux n°s 12, 14, 16 et 18. Toutes les croisées de ces maisons sont larges, élégantes, et souvent une colonnette fait saillie de chaque côté. Dans l'intérieur, les corridors sont parfois à nervures très-accusées; les portes présentent un arc surbaissé, au milieu duquel se trouve souvent une forme d'écusson avec armoiries.

Deux de ces maisons ont des intérieurs de cour assez curieux. Dans l'une et l'autre, deux tourelles en briques, à fenêtres plus ou moins ornementées, contiennent les escaliers qui desservent les étages. La maison portant le n° 16 a sur sa cour des fenêtres à meneaux bien conservés. Elle a trois galeries superposées avec nervures sculptées. En les visitant dernièrement nous avons trouvé sur un écusson servant de clef de voûte à la première galerie la date de 1522, année de la construction de la maison.

Ces intérieurs de cour ont beaucoup d'analogie avec celui de la rue du Gouvernement dont nous avons déjà parlé, quoique moins beau que celui-ci. Le grand nombre d'écussons que l'on rencontre partout dans ces maisons semble prouver que leurs propriétaires étaient des personnages importants dans l'ancienne société de notre ville.

A l'angle de la rue des Halles et de la rue Prévôté, la maison du boulanger Chambaud porte des traces fort anciennes ; elle est ornée encore de quelques vitraux armoriés. Cette maison était probablement la dernière de la ville, vers la porte des Halles ; elle montre des vestiges de coup d'arquebuses et de mitraille. M. de Lateyssonnière affirme que les empreintes qui se remarquent sur ces murailles datent de l'attaque faite en 1557 par Polvilliers vers la porte des Halles. Quoi qu'il en soit, cette façade recevant aujourd'hui la lumière de divers côtés est assez curieuse à étudier pour la forme de ses croisées à meneaux.

L'artiste distinguera facilement ces constructions qui, dépouillées presque généralement de leurs meneaux, présentent des proportions très-larges et encore parfaitement harmoniées.

Au milieu de la rue Bourgneuf, et immédiatement après l'impasse St-Dominique, on aperçoit, au n° 34, une maison qui a conservé toute la forme primitive des croisées-renaissance. Les meneaux n'ont point été coupés et le premier étage se présente tout-à-fait avec son aspect du temps de la construction. Entre les deux fenêtres et sur l'arête de la maison existent encore des culs-de-lampe probablement destinés à supporter une madone.

Il y eut un évêché à Bourg en 1515; supprimé en 1516, il fut rétabli en 1535 et supprimé de nouveau dans la même année. La résidence de l'évêque était située rue Cropet; elle est connue aujourd'hui sous le nom de maison Reydellet, et fait l'angle de la rue Cropet et du passage pratiqué dans le jardin Varenne de Fenille : ce qui reste de cette habitation est plus que simple et n'a aucun caractère.

Vers le milieu de la rue du Gouvernement, au n° 17, presque vis-à-vis la demeure gothique déjà signalée, se trouve la maison qui appartenait jadis à M. de Choin, qui fut gouverneur de la ville; elle présente, dans son intérieur, de belles arcatures, qui respirent le luxe d'une autre époque. Plus tard cette maison devint la propriété de M. de Champdor.

Dans la rue des Cordeliers (autrefois rue de la Juiverie) on voit une maison n° 5, dont la façade est ornée d'une sorte de balustrade en pierres. Elle a été bâtie avec les débris de l'ancien couvent des Cordeliers; les marches de l'escalier intérieur ont été faites avec des pierres portant des inscriptions tumulaires et des noms de familles : ces pierres proviennent sans doute d'un cimetière joignant le couvent.

Naguère encore, le propriétaire actuel de la maison faisant fouiller le sol, derrière son habitation, pour se créer un jardin, les ouvriers ont trouvé des ossements et découvert plusieurs tombeaux.

La maison Bon sur la montée du Bastion était le local affecté au jeu de l'arquebuse. Ce jeu occupait une grande place dans les loisirs de nos ancêtres; il y avait des réunions fréquentes et des réglements très-compliqués. M. Sirand a donné dans ses *Courses archéologiques* et se propose de publier encore des détails historiques plus étendus sur les diverses sociétés de l'arquebuse du département de l'Ain.

III.

Passons maintenant à un autre genre de constructions, à celles qu'on pourrait appeler du style Louis XV.

Un chapitre particulier sera consacré à nos édifices publics de la ville de Bourg, qui, presque tous, ont été élevés dans le cours du siècle dernier.

L'hôtel-de-ville a été construit en 1771 et a remplacé l'ancienne maison commune, qui était située, au temps des syndics, rue Notre-Dame, sur l'emplacement de la maison Aynard, aujourd'hui maison Gay.

Avant la construction du théâtre actuel, qui date de 1776, la salle des représentations se trouvait placée rue Vieille-Charité, dans un bâtiment attenant aux écuries municipales, qui n'existent plus aujourd'hui.

En 1750 fut élevé l'hôtel de la province, qui devint la préfecture à la formation des départements. — Notre bel hôpital ne date que de 1781. — Il y eut donc un grand élan de construction pendant cette période d'années.

M. de Lateyssonnière dit que presque toutes les belles maisons particulières de la ville ont été élevées pendant le demi-siècle qui s'est écoulé de 1730 à 1780. Ces constructions sont peu nombreuses, et parmi celles qui ont frappé l'attention des voyageurs, on peut citer l'hôtel Marron de Meillonnas, construit en 1776.

« La reine des maisons particulières de Bourg, dit M. Joseph Bard, est l'ancien hôtel de Meillonnas, formant aujourd'hui le monastère de la Visitation. La façade de cet hôtel est une des plus belles épreuves de l'art du 18⁵ siècle. »

On peut en dire autant de l'ancienne maison Bottier, appartenant aujourd'hui à son petit-fils,

M. Martin, avocat; elle est occupée en grande partie par le Cercle de la ville; c'est l'ancien hôtel de M. de Bohan construit par M. de St-Germain, dont les initiales enlacées sont placées dans l'imposte de la porte principale : c'était la résidence que choisissaient les proconsuls que la Convention envoyait dans le département. C'est là que demeurait le trop fameux Albitte. « Du seuil de cette maison richement profilée, dit encore M. Joseph Bard, on voit le clocher de Notre-Dame dans toute la plénitude de ses effets oculaires. »

La rue Bourgmayer, la plus silencieuse et la plus calme, est aussi la plus riche en constructions modernes, unissant l'élégance à la simplicité; il y a les hôtels de Belvey, de la Bévière, de Loras, les anciennes maisons Chevrier, de Bohan et de Lateyssonnière; puis après avoir dépassé la caserne placée dans l'ancien couvent de la Visitation, on se trouvera en face d'une boutique avec portes cintrées, faisant angle à la ruelle du Bastion; c'est un échantillon du vieux Bourg qui a été signalé à plusieurs dessinateurs.

Vers le milieu de la rue Cropet est placé l'ancien hôtel de M. Varenne de Fenille, occupé aujourd'hui par l'établissement des Frères de la Croix. M. Varenne de Fenille père (1) était un des plus savants agronomes et silviculteurs de France. Un magnifique jardin, où étaient réunis les arbustes et les arbres les plus rares, apportés des contrées lointaines, entourait l'hôtel. Toute cette création, qui avait coûté tant de soins, a été en grande partie détruite pour le percement de rues étroites, tortueuses et encore inhabitées. Il n'en reste que peu de vestiges dans le jardin des Frères de la Croix.

Dans la rue Notre-Dame, la maison appartenant aujourd'hui à M. Moizin, était possédée jadis par le seigneur de Lucinges, descendant d'un des principaux négociateurs du traité de 1601, qui réunit nos provinces à la France. Il y a dans cette demeure, dont la façade a été refaite il y a quelques années, un beau et vaste salon décoré de tapisseries d'Aubusson.

Une école d'horlogerie fut établie à Bourg, pendant le siècle dernier, dans la maison Chossat de Saint-Sulpice, où est aujourd'hui le pensionnat de Mlles Faure et Monnier, place Joubert.

La façade de la maison Du Marché, place du

---

(1) M. Varenne de Fenille et M. Marron de Meillonnas ont payé de leur tête, à Lyon, en 1793, leurs titres de noblesse.

Greffe, est remarquable de distinction avec ses beaux balcons et des têtes taillées sur les cintres du rez-de-chaussée. Ces têtes représentent les quatre saisons, avec un Apollon dans le cintre du milieu. Dans l'intérieur, sur une des fenêtres, se trouve gravé le millésime de 1724, date qui correspond avec le style de cette gracieuse construction; la salle à manger est ornée de cuirs de Cordoue très-anciens, avec figures frappées, et des peintures précieuses. — Une maison de la rue Clavagry, située presque en face, porte encore le chiffre de sa construction, 1688, dans l'imposte de la porte d'entrée.

C'est dans cette même rue Clavagry, maison Buget, que descendit François Ier lorsqu'il passa à Bourg en 1541 (le 1er octobre) pour visiter les fortifications. — M. de Lateyssonnière dit que le roi logea dans une des maisons ayant vue sur la grande place de la ville. Un beau tableau, qui est au musée de Bourg, a consacré le souvenir de la visite que François Ier fit à l'église de Brou, qui venait d'être construite.

Dans la partie élevée de la ville, et dans la rue Lalande, on apercevra la maison où est né le célèbre astronome de ce nom. On y a placé sur un marbre cette inscription : ICI EST NÉ JÉRÔME LALANDE LE

11 juillet 1732. La vétusté et les cassures de ce marbre exigeront bientôt son remplacement: c'est un devoir d'y veiller.

Presque vis-à-vis, il y a une maison où serpente une glycine et dont la façade principale regarde le midi : c'est là qu'habitait le poète Gabriel de Moyria qui a chanté si gracieusement nos anciens monuments, nos sites et nos vieilles abbayes ; il n'a jamais voulu quitter la Bresse qu'il aimait et qui l'appela aussi son Virgile.

En poussant plus haut, jusqu'à l'entrée du Mail, on distinguera sur la droite une maison carrée, à toit aigu, occupée en dernier lieu par le commandant Pelliat ; c'était là l'Observatoire du savant astronome Lalande, ainsi que l'indique cette inscription sur marbre placée sous les balcons : *Observatoire*, 1792, date assez curieuse pour cette sorte de construction.

En redescendant et vis-à-vis la nouvelle préfecture, on remarquera peut-être une sorte de pyramide, ombragée par des platanes ; c'est un petit monument élevé à la mémoire du général Joubert, tué à la bataille de Novi en 1799. Cette pyramide, qui porte diverses inscriptions dans le soubassement, est bien pauvre, peu digne d'une ville et du général Joubert.

Heureusement la ville de Pont-de-Vaux où est né le vaillant capitaine lui a érigé, il y a quelques années, une statue en marbre, œuvre de Legendre-Hérald.

Plusieurs auberges traditionnelles, et fort fréquentées jadis des habitants des campagnes, ont disparu dans cet abattis de maisons anciennes ; il faut citer les *Trois Pigeons* au-delà du pont des Halles, le *Raisin* vers la place Neuve, et le *Lion d'Or* au bas de la rue Teynière. Des hôtels plus confortables ont pris désormais leur place : il n'y avait d'ailleurs rien de bien caractéristique dans leur forme, et l'art n'y a rien perdu.

Dans cette revue, nous nous sommes appliqué à faire ressortir plutôt ce qui peut se voir encore et frapper les yeux que ce qui a pu exister. De rares dessins, disséminés dans quelques ouvrages, seront consultés par les personnes qui voudront retrouver les vestiges du Bourg ancien et les édifices religieux qui ont été détruits ou ont subi une transformation trop complète par suite de la dispersion des couvents et monastères en 1793.

Il y a un plan gravé de la ville de Bourg, corrigé par M. de Lalande en 1786 ; il indique avec exactitude toutes les anciennes fortifications de la ville, les fondations religieuses, les établissements, les hôtels et maisons les plus remarquables qui existaient alors. Il est facile de se procurer un exemplaire de ce plan, réimprimé par les soins de M. de Lateyssonnière, auteur des *Recherches historiques sur le département de l'Ain* (1).

Sans doute il est permis de regretter, comme souvenirs, la disparition de nos plus belles maisons moyen-âge, construites à encorbellements ou bien encore avec leurs singuliers auvents qui abritaient nos pères. Ces formes de constructions étaient cependant peu favorables à l'hygiène publique, car elles avaient l'inconvénient d'entretenir l'humidité dans les rues, d'empêcher la circulation de l'air et de la lumière. Qui pourrait ne pas se féliciter aujourd'hui de voir nos rues alignées et élargies, nos maisons proprettes, nos magasins avec d'élégantes devantures, enrichies de colonnettes sculptées, et presque partout des trottoirs en asphalte conduisant du centre de la ville à nos promenades et à nos avenues ?

Parmi les maisons modernes élevées pendant ces dernières années, celles qui peuvent avoir quelque

---

(1) La planche de ce plan est conservée aux archives de la mairie de Bourg.

mérite dans leur construction et leur apparence sont la maison de M. de Valence, bâtie sur une partie de l'ancien jardin de M. de Lateyssonnière, et celle de M. Charles Bernard, maire de Bourg, sur le boulevard de la Porte-Inutile.

Je ne vous dirai point avec M. Joseph Bard, qui nous flatte beaucoup trop, « la ville de Bourg a comme Rome son *Corso*, comme Londres son *Strand*, ou comme Marseille sa Cannebière dans la rue Notre-Dame, ornée de larges trottoirs, de candélabres de gaz, et qui se détache de la place d'Armes pour aller en droite ligne à l'église paroissiale; qu'elle a son faubourg Saint-Germain dans la rue Bourgmayer, toute peuplée de nobles hôtels, enfin qu'elle a sa Chaussée-d'Antin dans les quartiers des places Joubert et du Bastion. »

J'aime mieux vous répéter ces paroles que Thomas Riboud écrivait en 1801 dans un mémoire consacré aux établissements de notre ville :

« On ne trouve point à Bourg de luxe en logements, ameublements, chevaux ou voitures.

« On y vit avec simplicité et agrément; les mœurs y sont douces, le caractère des habitants est bon, accueillant, hospitalier. »

M. Th. Riboud ne se doutait pas que nous ne

serions plus en 1858 qu'à deux heures de Lyon et à dix heures de Paris par une voie ferrée, qu'alors nous participerions aussi au luxe des logements, des ameublements et au confortable des grandes cités.

Sachons lui gré d'avoir écrit sur la ville de Bourg plusieurs Mémoires historiques ou statistiques, collection précieuse à consulter pour ceux qui voudront étudier le vieux Bourg, et souhaitons que ce qu'il dit de nos mœurs hospitalières reste toujours une vérité.

NOMBRE DE RUES, MAISONS, BECS DE GAZ, FONTAINES, ETC.

La ville de Bourg compte 71 rues, places, ruelles, impasses et boulevards.

Il y a mille soixante-deux maisons.

Elle est éclairée par 139 becs de gaz : ce nouveau mode d'éclairage a été introduit le 1er mai 1843.

La même année, on a commencé l'établissement des trottoirs en asphalte de Seyssel : c'est en mai 1843 qu'ont été posés les trottoirs de la rue Notre-Dame, qui furent les premiers de la ville. Depuis, toutes les rues passagères en ont été dotées.

Les trottoirs en simple béton qui règnent dans les faubourgs ont été établis pendant les années 1856, 1857 et 1858.

La ville de Bourg est alimentée actuellement par sept fontaines jaillissantes et quinze pompes publiques, sans compter beaucoup de pompes particulières.

DE DIVERS OBJETS D'ART PUBLICS OU PARTICULIERS.

Les personnes qui visitent la ville de Bourg ne manqueront pas de s'arrêter devant la statue en bronze de Xavier Bichat, érigée dans l'hémicycle de la promenade du Bastion, dont les beaux tilleuls forment le gracieux couronnement de l'œuvre de David (d'Angers).

C'est le 24 août 1843 qu'a été inaugurée cette statue, en présence d'un grand concours de population, de tous les magistrats de la cité et des principaux médecins de Paris et de Lyon, accourus pour payer leur tribut au grand physiologiste.

Des discours furent prononcés par M. Pariset, secrétaire perpétuel de l'Académie de médecine, par M. Royer-Collard, professeur à la faculté de Paris, par M. le baron Larrey, chirurgien-major au Val-de-Grâce, par M. Forget, professeur à la faculté de Strasbourg, par MM. Bonnet, Martin jeune, docteurs-médecins à Lyon, et par M. le docteur Pacoud, au nom de la Société d'Émulation de l'Ain. Des cantates composées par des compatriotes furent chantées à cette occasion.

La statue a été élevée aux frais de la ville de Bourg, avec le concours de la Société d'Emulation de l'Ain et de souscriptions particulières.

Xavier Bichat est né à Thoirette, le 11 novembre 1771, d'une famille habitant Poncin; mais il fit ses premières études médicales à l'Hôpital de Bourg, et mourut à Paris, en 1802.

David (d'Angers) a représenté Bichat au moment où il étudie le mouvement du cœur d'un enfant. A ses pieds et derrière, se voient la tête pendante d'un cadavre voilé, un scalpel et une lampe : c'est la représentation de l'ouvrage intitulé *la Vie et la Mort*. La figure est très-expressive, et l'enfant sur lequel Bichat pose la main était, dit-on, le portrait fidèle du fils de David (d'Angers). Un piédestal, dont le dessin est de David lui-même, supporte la statue qui, si elle a trouvé des admirateurs, a aussi donné lieu à des critiques fort vives.

On pourra lire les quatre inscriptions gravées sur la base du monument; mais nous citerons ici la belle inscription latine déposée dans l'intérieur du piédestal; elle est imprimée sur parchemin et due à M. Belloc, savant italien, dans l'art épigraphique, et qui était alors directeur de l'enregistrement et des domaines à Bourg.

XAVERIO . BICHAT

DOMO . PONCINO
INVESTIGATORI . ARCANORUM
HVMANAE . COMPAGIS
NVLLI . SECVNDO
AMPLIFICATORI . REI . MEDICAE
VNIVERSAE
ANNO . M . DCCC . XLIII
EX . COLLATIONE . PROVINCIAE
ET . HOMINVM . LITTERATORVM
VBIQVE . DEGENTIVM . STIPE
NE . TANTO . VIRO
FLORENTI . AETATE . ABREPTO
HONOR . IN . PATRIA . DEESSET

La Société d'Emulation de l'Ain a fait imprimer in-folio le procès-verbal de la cérémonie, rédigé par M. Phil. Le Duc, avec les discours prononcés, les inscriptions, le tout orné d'une belle lithographie représentant la statue de Xavier Bichat. Des exemplaires de cet in-folio sont déposés dans la bibliothèque de la Société d'Emulation de l'Ain.

Les bustes en bronze de Lalande et de M. Marc-Antoine Puvis ornent la bibliothèque de Bourg, où l'on voit aussi un médaillon de M. Thomas Riboud, et divers ouvrages sculptés par M. Roubaux, jeune sculpteur de l'Ain, élève distingué de Pradier. Le buste de M. Puvis a été exécuté par M. Emilien Cabuchet, ce même compatriote qui a si heureusement rendu la statue de saint Vincent-de-Paul, placée sur la place publique à Châtillon-les-Dombes (24 kilomètres de Bourg).

Nous signalerons aux amateurs deux belles statues du sculpteur Chinard (de Lyon), apportées jadis de l'abbaye de Sélignat, l'une à Bourg, le Saint Jean, dans le jardin de l'hôtel de Corcelles, et l'autre, le Saint Bruno, qui a été transportée dans le jardin du presbytère de Saint-Denis, près Bourg. — Ces deux statues en pierre sont d'une exécution très-remarquable et de grande dimension. Le Saint Jean est mieux conservé ; le Saint Bruno, d'une rare expression religieuse, est confié à la garde du savant abbé Gorini, qui ne néglige aucune précaution pour le préserver des injures du temps.

Un autre ami des arts, M. Edmond Chevrier,

possède divers objets qu'il s'empresse de montrer aux amateurs ; c'est d'abord un Christ au tombeau, statue en pierre de grande dimension et d'une physionomie saisissante de tristesse et de désolation.

Le divin cadavre a un mètre quatre-vingt-neuf centimètres et demi ; sa maigreur le grandit encore. La tête retombe sur l'épaule droite ; une chevelure abondante, disposée et exécutée avec une réelle élégance, ondoie sous sa couronne d'épines. Il reste des traces de couleur ; mais la pierre est revêtue aujourd'hui de la splendide teinte jaune foncé que le soleil donne aussi à la façade de Brou.

Ces derniers détails sont empruntés à une notice publiée par M. Ch. Jarrin, bibliothécaire, qui pense que ce Christ provient de la chapelle du Saint-Sépulcre de l'ancienne église des Cordeliers ou de la chapelle Saint-Antoine des Ursules ; il lui assigne la date de 1443.

M. Edmond Chevrier a également recueilli dans le même local un bas-relief très-remarquable composé de cinq morceaux de pierre blanche, semblable à celle employée par les sculpteurs de Brou. Il y a cinq compartiments représentant le mariage de la

Vierge, l'Annonciation, la Nativité, la Présentation et l'Adoration des Mages.

M. Ch. Jarrin a aussi donné une description complète de ce rétable, avec un dessin au dixième de la grandeur réelle ; il trouve la composition architecturale simple d'ensemble, grave de lignes, harmonieuse de proportions ; les figures lui paraissent cependant manquer d'idéal et de beauté ; mais les draperies sont traitées avec grand soin et avec bonheur.

Nous serions porté à croire que cet édicule est roman et pourrait appartenir au XIIe siècle, ou bien, comme d'autres personnes l'ont pensé, on pourrait le faire remonter à l'époque du premier monument du gothique fleuri construit dans notre ville, au temps de l'église des Dominicains (actuellement Saint-Joseph), c'est-à-dire du XVe au XVIe siècle.

Quoi qu'il en soit, c'est là un fragment d'art très-curieux, très-remarquable. M. Didron, qui a examiné avec attention toutes les parties de ce beau fragment d'architecture, pense qu'il appartient au XVIe siècle, et que si l'on y trouve des réminiscences du byzantin, c'est que l'ouvrier avait sous les yeux un modèle qu'il a copié. Disons maintenant quelques mots de son origine.

Nous visitions en 1850 le hameau de la Bretonnière, commune de Viriat, lorsque nous découvrîmes ce rétable, enfoui dans un mur de verger; mais comment se trouvait-il en cet endroit? On pense qu'il y avait été porté après la démolition de la chapelle de Sainte-Claire, attenante au tribunal et bâtie dans une cour de l'ancien château de Bourg, en 1481. Nous fîmes part à quelques personnes de notre découverte artistique, et bientôt M. Edmond Chevrier se mit en mesure d'acquérir ce beau fragment et de le sauver de la destruction. Les amateurs d'antiquités peuvent maintenant le voir et l'étudier à volonté.

M. Edmond Chevrier a encore réuni d'autres objets qui mériteraient une mention spéciale.

Il y a une tête en pierre trouvée en même temps que le Christ: le profil en est très-accentué, et toute la physionomie présente une grande austérité; ce buste en pierre a été recueilli dans le même emplacement que le Christ: c'était probablement le buste de quelque donatrice de nos anciennes fondations religieuses.

Le petit musée de M. Edmond Chevrier se trouve, en outre, enrichi d'une sorte de tronc en pierre, taillé sur les quatre côtés dans le style flamboyant, et sur l'un desquels se voit un Christ, petit modèle, assez faiblement exécuté, tandis qu'au-dessus la pierre est fouillée avec beaucoup de soin. Cet édicule provient de l'église de Biziat.

M. J. Baux, archiviste du département, possède une collection de tableaux anciens et modernes plus remarquable par le choix que par le nombre, dans laquelle se trouvent représentées les écoles de Bologne, de Venise, de Florence et de Naples. Une tête d'Uranie, du Titien; un Christ mort, de Carrache; une prédication de saint Dominique, par Solimène; un grand tableau de l'école florentine, représentant le repas donné à N.-S. par Marthe et Marie, etc. Au nombre des œuvres modernes, nous avons admiré quatre tableaux d'H. Leymarie : une vue de Lyon; une vue de Glascow (Ecosse); un paysage représentant l'emplacement où eut lieu la défaite des Teutons et des Cimbres; un paysage du Bugey, *le Pont de Reculafol*. Mentionnons encore deux paysages dus aux pinceaux de M. Antony Viot : Neuville-sur-Ain et une vue de la vallée d'Aoste. Voilà les œuvres qui, dans le salon de M. Baux, ont le plus vivement attiré notre attention.

Dans la même rue Bourgmayer, hôtel de Jalamonde, se trouve aujourd'hui l'atelier de peinture de M. Antoni Viot, qui a obtenu de grands succès dans plusieurs expositions, dont tous les tableaux ont un rare mérite de composition et d'exécution. Cet amateur distingué se plaît à étudier nos sites, nos montagnes, nos points de vue, les bords de la rivière d'Ain si pittoresques, et il enfante sur la toile des créations vraiment admirables. Les eaux, le soleil, les arbres, sont d'un coloris plein de richesse et font rechercher les toiles de M. Antoni Viot, paysagiste très-estimé de l'école de Calame, de Genève. Ses tableaux sont des œuvres d'art remarquables qui ornent déjà nos musées et que recherchent les amateurs les plus distingués.

Dans la maison Du Marché de Bolozon, place du Greffe, on trouve des cuirs de Cordoue dans les encadrements d'une salle à manger. Les cuirs sont très-beaux; des figures gauffrées ont reçu une dorure assez fine et font la base des tableaux; dans le haut, ce sont des fleurs bien jetées. Le milieu de chaque encadrement est occupé par une peinture de personnages de diverses nations. Ce genre d'ameublement se rencontre encore beaucoup en Italie; il était fort en usage dans les appartements luxueux du XVe siècle. Il produisait aux flambeaux un gracieux effet. Nous ne connaissons à Bourg que le spécimen conservé heureusement dans la maison Du Marché.

Dans l'hôtel de Corcelles, porte de Mâcon, on remarque une boiserie très-belle qui garnit la salle à manger ; cette boiserie, remarquable d'exécution, a été apportée de l'abbaye de Sélignat, qui était très-riche en ouvrages d'art, à ce qu'il paraît. Celle dont nous parlons a dû subir des mutilations pour être mise à la place qu'elle occupe aujourd'hui. Au presbytère de la commune de Saint-Denis, près Bourg, on remarque également des panneaux et divers fragments sculptés, apportés de la même abbaye.

Il existe, dans des maisons particulières, des bahuts et des crédences d'un beau dessin et enfin plusieurs meubles de bon style Louis XV; lorsque quelques-uns de ces objets se trouvent en vente, ils sont bien vite enlevés, s'ils ont le moindre prix, par les amateurs de la ville ou des environs, ou par les étrangers qu'amène le chemin de fer.

Le bel olyphant d'ivoire provenant de la Chartreuse de Portes, a passé du cabinet de M. Riboud au musée de Cluny, à Paris : cet olyphant était délicieusement travaillé.

L'ancienne fabrique d'horlogerie de Bourg a laissé dans beaucoup de maisons de notre ville des spécimens fort recherchés des artistes et amateurs. On admire notamment des pendules bien ouvragées. Les ornements en cuivre et marqueterie, genre Boule, en relèvent encore le mérite véritable et l'excellente fabrication. M. Hugonnet, horloger à Bourg, possède un régulateur, de grande dimension, sortant de la fabrique des frères Goyffon, élèves des frères Castel. Ce régulateur, très-juste quoique fort compliqué, indique aussi le temps moyen. Il a été acheté trois mille francs et avait été fabriqué pour l'hôtel de la province (ancienne préfecture). Les ornements en bois qui le décorent sont d'un goût douteux. Ce n'en est pas moins une excellente pièce, qui atteste les progrès qu'avait faits en peu de temps la fabrique d'horlogerie de Bourg.

Le grand salon de l'ancienne préfecture (hôtel de la province) était orné d'une boiserie style Louis XV, fouillée et sculptée avec une rare délicatesse. Elle a été enlevée avec soin et replacée dans le petit salon de la nouvelle préfecture (premier étage, elle forme une décoration aussi précieuse que distinguée. On aimera à retrouver, au milieu des élégantes décorations de ce nouvel édifice, un souvenir de nos anciennes habitations : c'est l'accomplissement d'un vœu, formellement exprimé d'ailleurs, par le Conseil général de l'Ain.

La salle de Physique, qui était jadis sur l'emplacement de l'aile méridionale du lycée impérial, était dotée aussi, à l'intérieur, de fort belles boiseries, qui ont été conservées et mises à part lors de la démolition de cette salle. Il est à désirer qu'elles puissent être utilisées dans une construction neuve qui soit aussi commode et aussi favorable que l'était la salle de Physique pour les solennités publiques et les concerts.

En général, l'art de la menuiserie et de l'ébénisterie a conservé parmi nous les bonnes traditions ; les ouvriers sont capables d'exécuter les ouvrages les plus difficiles.

Nos tailleurs de pierres, fort habiles, sont vivement recherchés. Les dessins de nos architectes sont soigneusement rendus par eux ; les carrières du voisinage abondent en beaux matériaux, qui se prêtent à l'ornementation et font ressortir, par leur dureté même, l'adresse et le goût de la main qui les taille. Dans les constructions importantes de cette première moitié de notre siècle, on remarquera partout le degré de pureté et de finesse avec lequel sont faites les moulures de la pierre.

Lors de l'exposition universelle qui eut lieu à Paris en 1855, beaucoup de nos artistes, de nos sculpteurs, de nos ébénistes, menuisiers ou tailleurs de pierres, se rendirent à Paris pour étudier, dans cette grande exhibition, les progrès de la science moderne, et ils en ont rapporté des idées profitables à notre pays.

Nous pouvons donc dire hardiment encore aujourd'hui que nos ouvriers sont dignes de ces *tailleurs d'imaiges* qui mirent la main à notre église de Brou, musée vivant où il y a toujours à voir, toujours à étudier et à apprendre.

CABINET DE M. SIRAND.

—

Nous offrons ici un sommaire du cabinet réuni par les soins de M. Sirand, juge à Bourg.

Une collection d'antiques du pays même; *statuettes, bronzes, poteries romaines*, de tout genre; sceaux de plusieurs localités de l'Ain; quelques Palissy, dont un fort beau et fort rare; une bague mérovingienne en or natif; une lampe en plomb, dont le récipient en verre, au moyen d'une échelle à chiffres romains, indiquait l'heure en consumant l'huile.

— Un médaillier, riche en monnaies romaines et du moyen-âge, renfermant une belle collection de pièces de Savoie et de Dombes, plus spécialement intéressantes pour notre département; dans ces dernières, on remarque des pièces fort rares.

Parmi les pièces françaises, on voit des carolingiennes estimées, un tiers de sou d'or frappé à

Izernore même, un à Mâcon, un autre à Gap ; ces deux derniers regardés comme les seuls connus. Un certain nombre de médailles historiques, dont plusieurs du premier empire ; des jetons de tous genres et des monnaies modernes de tous les pays.

— De vieux bahuts de diverses époques, dont un composé de planches de gravures sur bois fort anciennes.

— Une collection d'histoire naturelle, contenant un cabinet de minéralogie, où se trouvent quelques beaux échantillons, et plusieurs d'*Arsénio Sydérite*, rarissimes !... de fossiles de l'Ain et autres. ; — d'œufs d'oiseaux ; — de coquillages marins de tous genres et d'eau douce, ces derniers appartenant au département de l'Ain. — Une collection de crânes d'oiseaux et de quelques mammifères.

— Une collection d'assignats, renfermant un certain nombre de ceux de l'Ain, émis sous le nom de *billets de confiance*, entr'autres de *Bourg, Châtillon-lès-Dombes, Pont-de-Veyle, Thoissey, Pont-de-Vaux, Ambronay, Lagnieu, Chalamont, Montluel*, etc.

— Enfin une réunion nombreuse des auteurs de l'Ain ou de livres et opuscules imprimés dans cette localité ; accompagnée d'une foule de documents historiques relatifs au même département, acquis à grands frais par M. Sirand (1).

(1) La *Bibliographie de l'Ain*, par cet auteur, rappelle tous ces livres et documents et les *Antiquités générales de l'Ain*, par le même, décrivent les principaux objets de son cabinet et les deux tiers de sous ci-dessus rappelés.

FABRICATION A BOURG D'OBJETS D'ART.

—

Bijoux bressans. — Depuis quelques années, il sort de l'orfèvrerie de Bourg des bijoux très-recherchés comme brillants et œuvres de goût. — Nos Bressannes portaient jadis dans leurs parures des émaux extrêmement fins et imitant les riches émaux de Venise ; elles prirent fantaisie de s'en défaire pour d'autres bijoux; mais ils furent immédiatement utilisés par nos orfèvres qui les enchâssèrent dans des montures d'or ou d'argent de forme remarquable et qui en font des objets aujourd'hui fort recherchés par la mode.

Les émaux de Bourg sont désormais une spécialité qui a sa place dans le monde élégant. Rien n'égale l'éclat des broches quand on veut y mettre le prix, c'est-à-dire quelques brillants d'une certaine finesse. La variété des émaux, des perles, des diamants enchâssés avec goût, forment un ensemble délicieux.

Dans le même genre, on fabrique des bracelets, des épingles qui complètent tout une parure de dame. Ces objets sont demandés aujourd'hui dans le grand monde, et c'est un souvenir qu'on aime à emporter de la capitale de la Bresse.

VASES ANTIQUES ET POTERIES. — La ville de Bourg possède un véritable artiste dans M. Ch. Bozonnet qui reproduit avec un rare bonheur les œuvres de la céramique ancienne. M. Alexandre Dumas, se trouvant à Bourg pour y recueillir des documents sur ses *Compagnons de Jehu*, avisa, devant l'Hôpital, les objets exposés par M. Ch. Bozonnet, et avec cet instinct qui lui est particulier, il s'élança aussitôt dans son atelier et fut charmé des œuvres de notre compatriote qui fabriqua devant lui des coupes du meilleur goût. L'admiration du célèbre romancier éclata bientôt dans un article qu'il publia dans le *Monte-Christo*. Il recommandait aux artistes les produits de M. Ch. Bozonnet, et depuis, en effet, de toutes parts on a répondu à son appel.

Aujourd'hui M. Ch. Bozonnet ne suffit plus à la fabrication. Il fait sortir de ses mains, et comme par enchantement, des vases étrusques, des lacrymatoires, des amphores, des samaritaines, des vases de la forme la plus pure, d'une teinte antique très-belle et d'une terre très-fine.

Des suffrages venant d'hommes compétents et extrêmement flatteurs ayant encouragé M. Ch. Bozonnet, il s'est livré à de nouvelles études ; il a visité les musées, et nous avons vu chez lui un vase carthaginois d'une grâce parfaite, d'une couleur très-belle. L'on croirait ces objets découverts dans les débris de quelques palais de Carthage.

Chaque jour l'étude du potier, par le mélange des terres dont il a le secret, sait ajouter au mérite de ses produits qui jouent merveilleusement l'antique.

Les cabinets de nos artistes les plus distingués se sont ornés des vases de M. Ch. Bozonnet, et pas un voyageur ne quitte Bourg sans visiter au moins son atelier.

Coïncidence remarquable ! M. Bozonnet a son atelier à Brou, sur ce même territoire où la pioche de l'ouvrier met chaque jour à découvert des poteries romaines, recouvertes encore d'un beau vernis qui atteste les progrès de la céramique sur ce point au temps Gallo-Romains.

Statuettes de Laroze. — Dans la rue des Halles,

le sculpteur Laroze fait des vierges, des figurines, des statuettes en albâtre; il moule aussi de petites caricatures en terre cuite assez bien réussies. Cet artiste a un ciseau d'une grande légèreté; il a découpé des feuillages dans la restauration de l'église de Brou; on le comptait dans la députation que la Société d'Emulation de l'Ain a envoyée à l'Exposition en 1855.

Meubles antiques. — Dans la rue du Gouvernement, l'ébéniste Récy fait de beaux meubles dans le style Louis XIII, aux formes larges et sévères. Des lits antiques, des tables, des fauteuils sculptés avec goût sont sortis de son atelier pour aller meubler des cabinets d'amateurs. M. Récy s'entend parfaitement à restaurer les vieux dressoirs, l'ébénisterie dans le genre Boule et tous les ouvrages du bon style Louis XV, aux riches moulures et où s'épanouissent les caprices de l'art. Beaucoup de ces meubles ont été retrouvés dans les vieux châteaux et recueillis par des personnes de goût.

INDUSTRIE LOCALE.

Il y a peu d'industrie à Bourg, ville de calme, de loisir et d'études.

Après les professions ordinaires et nécessaires, on ne compte guère que deux industries fournissant du travail à un certain nombre d'ouvriers, la poterie et la fabrication des sabots.

La poterie occupe, à Bourg seulement, environ 300 personnes, tant hommes que femmes, et cela dans 25 ou 30 ateliers. Ces fabriques sont principalement situées dans les faubourgs de Brou et de Mâcon. Cette industrie nous vient de Meillonnas, où elle est encore très-répandue, à cause de la qualité de la terre que l'on tire de ce pays.

Il se fabrique donc, tant à Bourg qu'à Meillonnas, une grande quantité de vaisselle de toute sorte, faïence et poterie vernie, qui s'expédie sur tous les points de la France par le chemin de fer. Cette poterie a de la durée, de la solidité, se prête à tous les usages domestiques, et se débite à un prix peu élevé.

Mme Chervin, à Bourg, faubourg St-Nicolas, entretient une fabrique de cailloutage qui fournit des objets très-variés et d'une délicatesse d'exécution remarquable.

La fabrication des sabots occupe aussi près de 200 ouvriers, travaillant à la tâche ou à la journée. Leurs produits dépassant la consommation locale, il s'en fait des envois dans divers départements. Les sabots sont fabriqués surtout avec le bouleau, qui vient très-bien dans quelques parties du département.

La principale ressource de Bourg consiste principalement dans ses foires et marchés, où ont lieu des ventes de grains considérables.

Les foires surtout amènent un grand nombre d'habitants du département, qui font aussi des emplettes diverses dans les magasins de Bourg et entretiennent ainsi le commerce local.

Les volailles de Bresse, on le sait, sont très-renommées pour leurs qualités succulentes et leur finesse. Quand vient le moment de leur apparition sur nos marchés, c'est-à-dire pendant l'hiver, il se fait des expéditions nombreuses qui, grâce à la rapidité des chemins de fer, vont s'accroître encore chaque année, et porte au loin cet excellent produit de la Bresse.

PROMENADES PUBLIQUES.

—

La ville de Bourg est riche en promenades bien exposées et bien ombragées.

Le Bastion, débris des anciennes fortifications de la ville, et qu'on appelait autrefois Bastion de Montrevel, est sans contredit une des plus élégantes promenades qui se puisse rencontrer. Elle clôt, d'un côté une place régulière et animée, tandis que de l'autre, la vue plonge sur les plus fertiles plaines de la Bresse jusqu'aux riches côteaux du Mâconnais : c'est un panorama varié, accidenté, plein de fraîcheur dans l'été et qui revêt dans les jours d'hiver les teintes de la plus douce mélancolie. Dans les soirées de l'été les beaux tilleuls du Bastion embaument l'air pendant que leur feuillage entretient une douce fraîcheur. Dans l'hémicycle du côté de la ville se trouve adossée au talus une promenade de platanes où l'on est abrité contre les vents du nord lorsqu'ils sont trop vifs.

Cette promenade, plantée sur une terre rapportée formant l'enceinte de l'ancienne ville, a été achevée vers le milieu du 18ᵉ siècle. C'est un gracieux bocage que nous envient les villes voisines.

Le QUINCONCE, planté comme l'indique son nom, au sud-ouest de la ville, présente l'aspect d'une petite forêt offrant les plus délicieux ombrages. Les tilleuls y sont très-beaux; mais on y voit aussi des platanes remarquables par leur force et leur hauteur. Des peintres viennent souvent les prendre pour modèles et en enrichir leur paysages. Cette promenade, tout-à-fait à proximité de la ville, a été plantée en 1761 sous l'administration de M. Duffour-Villeneuve (1).

Le MAIL, qui semble un prolongement du Quinconce, servait jadis d'avenue à la citadelle de Bourg qui fut démolie en 1611. C'est notre Corso.

Les marronniers qui le décorent sont d'une ampleur majestueuse et dignes de respect. On les appelle

(1) M. Mazade-Davèze, dans ses lettres sur Bourg, dit que le Bastion et le Quinconce ont été plantés par M. Amelot, administrateur de la province, et les platanes du rond-point du Bastion par M. Chossat St-Sulpice, maire de Bourg en 1810.

encore les *Savoyards*, parce qu'ils rappellent l'époque où la Bresse faisait partie de la Savoie. Le temps et les nécessités diminuent malheureusement le nombre de ces arbres séculaires qui font l'admiration des étrangers par leur étonnante envergure. Le Mail qui se développait si agréablement aux yeux des promeneurs et formait une si gracieuse avenue a été coupé en trois endroits par le chemin de fer de Paris-Genève auquel il conduit maintenant.

Ce que l'on appelle les PETITES ALLÉES, ce sont les allées qui forment la ceinture du Champ-de-Mars ; elles sont plantées de marronniers aujourd'hui grands et touffus : c'est une promenade pleine de fraîcheur dans les belles soirées d'été, et animée par le gazouillement des oiseaux. Il est difficile de trouver un lieu plus gracieux et plus ombragé. Les étrangers seront certainement aussi de notre avis. Ces allées sont dues à l'administration de M. Chossat St-Sulpice.

L'allée de Challes, qui conduisait au château du comte de Montrevel (aujourd'hui démoli), s'étend au nord de la ville, entre deux bras de la Reyssouze ; elle était plantée d'un double rang de peupliers et de saules ; mais ces arbres, étant une propriété

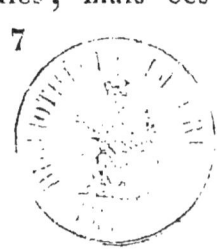

particulière, viennent d'être abattus. Cette avenue conduit aujourd'hui au cimetière de Challes. Espérons qu'elle recevra une plantation en harmonie avec son but et le site qu'elle parcourt.

On peut dire d'ailleurs que toutes les grandes routes qui arrivent à Bourg par Lyon, Trévoux, Mâcon, Lons-le-Saunier, Louhans, Pont-d'Ain et Chambéry, sont autant de promenades, puisqu'elles ont toutes reçu des plantations jusqu'à une certaine distance de la ville.

Le chemin d'enceinte qui entoure complètement la ville et qu'on a décoré du nom de Boulevards, a été embelli des platanes vigoureux, et l'on y rencontre sur plusieurs points des squares plantés par les soins de M. Ch. Bernard, maire actuel, ou de l'administration des ponts-et-chaussées.

JARDINS PUBLICS ET PARTICULIERS.

Nous indiquerons ici quelques-uns des jardins les plus remarquables :

Le jardin de la Préfecture, tracé et planté avec

art, par les soins de M. Luizet, horticulteur distingué d'Ecully.

Le jardin de la Société d'horticulture de l'Ain, offrant un modèle de plusieurs cultures, plantations nouvelles et arbres d'agrément.

Le jardin des Orphelins, situé sur le gracieux côteau de Bel-Air, où la culture maraîchère est en progrès ainsi que l'arboriculture.

M. Mas, vers les Lazaristes, a aussi un jardin fort étendu et présentant de véritables modèles en toutes cultures, espaliers ou pyramides, abricotiers, cerisiers, vignes à la Thomery, pêchers à la Montreuil. Tout, dans ce beau jardin, atteste la science de la main qui la dirige.

Les jardins, pépinières et serres de M. Cointet, à St-Roch, de Mme Frémion-Baboud et de M. Prevel, au Mail, de MM. Rochon, derrière la Charité, et Cordioux, avenue de Lyon, offriront aussi des sujets d'études de belle culture aux étrangers.

COURSES AUX ENVIRONS DE BOURG.

—

Les courses aux environs de Bourg sont très-variées, au point de vue pittoresque ou artistique.

A moins de 4 kilomètres de Bourg, se trouve la CHARTREUSE DE SEILLON, qui était la vingtième de l'ordre de saint Bruno; il y a encore debout une chapelle, deux portiques avec des statues, débris d'un riche monastère devenu aujourd'hui une très-grosse ferme. Elle est à l'entrée de la belle forêt de Seillon, percée elle-même de grandes routes qui sont des promenades ombreuses et grandioses.

C'est dans la Chartreuse de Seillon qu'Alexandre Dumas a placé les scènes les plus fantastiques de son roman des *Compagnons de Jéhu*.

De là, le promeneur pourra aller admirer le site de Noire-Fontaine, illustré par le même romancier, qui l'a vivement admiré et y a placé un château qui n'existe pas et n'a jamais existé. Cela n'enlève rien à la beauté du paysage, un des plus accidentés de nos environs, d'où l'on découvre toutes nos montagnes, la tour en ruines du château de Jasseron, ainsi que la chapelle des Conches, but de nombreux pélerinages.

A Ceyzériat, 8 kilomètres de Bourg, il y a une grotte avec cascade et point de vue en miniature d'un véritable site de la Suisse. Les montagnes du Revermont, au pied desquelles Ceyzériat est si admirablement assis, sont peuplées de villas et de coteaux gracieux. Au sommet de la montagne se trouve la roche de Quirom, où fut établi, au temps de César, un camp romain dont on reconnaît parfaitement la trace, et où l'on a trouvé des médailles romaines. De ce point on peut jouir d'un panorama des plus étendus et des plus variés. La grotte de Ceyzériat a aussi été rendue célèbre par le roman d'Alex. Dumas, dont nous avons déjà parlé. C'est dans ses anfractuosités qu'il fait livrer de rudes combats, en même temps qu'il fait communiquer cette grotte avec les caveaux de Brou. Laissant à part l'imagination du romancier, nous pouvons annoncer au touriste qu'il ne regrettera pas sa course à la grotte de Ceyzériat.

A Hautecour, 18 kilomètres, le voyageur pourra

visiter une grotte extrêmement remarquable par ses souterrains multipliés, peuplés de concrétions qui prennent mille formes fantastiques à la lueur des flambeaux. C'est tout ce que la nature a pu multiplier de plus capricieux; c'est une foule de cascades pétrifiées, de stalactites suspendus aux voûtes.

A CORVEISSIAT, 13 kilomètres, l'on rencontre aussi une grotte moins profonde et moins variée que celle d'Hautecour, mais elle a pour entrée le portique le plus grandiose, le plus majestueux qui se puisse voir; rien que cela vaut une visite; et celui qui sait manier un crayon ne manquera pas d'enrichir son album du portique imposant de la grotte de Corveissiat.

A PONT-D'AIN, (une demi heure de Bourg par le chemin de fer,) il y a l'ancien château des ducs de Savoie, où naquit et mourut le duc Philibert-le-Beau dont le riche mausolée orne notre église de Brou. Ce château, dans une position magnifique, est tout peuplé de souvenirs historiques. Plusieurs notices ont été écrites à son sujet, et peuvent être consultées.

Par la voie ferrée et en moins d'une heure le touriste peut aller visiter le château de Richemont habilement restauré par les soins de Mme de Belvey, et la ruine du château des Alîmes, relevée aujourd'hui par M. de Tricaud qui en est propriétaire. Cette ruine est très-pittoresquement située sur la montagne qui domine Ambérieu.

Dans la même contrée, le voyageur pourra aller étudier les imposants débris qui restent encore de la riche abbaye d'Ambronay, édifiée au XIIIe siècle. Le portique de l'église, le tombeau sculpté d'un des princes de l'abbaye (l'abbé de Mauvoisin), les rosaces les boiseries, les cloîtres en ruines et livrés à toutes sortes d'usages, formeront autant d'études intéressantes, mais tristes pour l'ami des arts. M. Leymarie en a donné des dessins et une notice dans l'*Album de l'Ain*.

A St-Paul-de-Varax, à 15 kilomètres de Bourg, l'artiste peut aussi aller étudier une des plus anciennes églises, de la contrée. M. Leymarie pense qu'elle fut construite probablement dans les dernières années du XIe siècle et qu'elle représente admirablement son époque. « On y respire, dit-il, comme un parfum des croisades ; elle trahit son âge, quoiqu'elle ne soit ni datée ni signée. » C'est donc une véritable église romane que nous possédons. L'*Al-*

bum de l'Ain a publié, en 1838, des dessins de cette précieuse église dus au crayon si habile de M. Leymarie, avec une notice historique par cet artiste.

Beaucoup de châteaux et de maisons de plaisance des environs sont très-agréablement situés ; ils seront facilement découverts par l'œil observateur.

Si quelque touriste veut pousser jusqu'à Nantua, il trouvera une vieille église romane, une ville animée et posée à l'extrémité d'un lac aux eaux verdâtres, prélude fidèle de ceux qui se rencontrent dans les villes de la Suisse. C'est dans l'église de Nantua que fut inhumé le roi de France Charles-le-Chauve, revenant d'Italie.

A peu de distance de Nantua sont les restes du temple romain d'Izernore. Des colonnes respectables sont encore debout défiant en quelque sorte le temps et les dévastateurs. M. de St-Didier a donné un dessin fidèle de cette ruine majestueuse avec une description historique et artistique dans un ouvrage spécial.

Nous aurions pu donner beaucoup plus d'étendue à chacun des sujets de ce petit livre ; mais presque tous ont été traités spécialement dans divers écrits qu'il est facile de se procurer.

Nous n'avons voulu qu'indiquer ici des sujets d'étude ou d'exploration, sans rien déflorer, et voulant laisser à chacun le plaisir et la soudaineté de ses impressions.

L'Imprimerie de Bourg date de l'année 1626 : les premiers ouvrages sont de Jean Tainturier.

Elle fut toujours comme elle est encore très-occupée et féconde en ouvrages d'histoire locale, de littérature, de poésies, de science agricole, d'économie, etc.

Les deux imprimeries de Bourg publient chacune un journal politique, scientifique et littéraire. La périodicité de ces deux journaux est combinée de telle sorte que la ville de Bourg a chaque jour de la semaine un journal, bien que les deux rédactions soient différentes.

Ouvrages sur le département de l'Ain

QUI SE TROUVENT

A la librairie de Fr. MARTIN-BOTTIER,

A BOURG.

Album de l'église de Brou, contenant six beaux dessins à deux teintes, par Denoy et Fichot, imprimés à Paris chez Lemercier, avec une notice historique imprimée à Bourg. — Prix : 8 fr. en feuilles et 10 fr. cartonné.

L'*Histoire de l'église de Brou*, par J. Baux, archiviste du département de l'Ain, avec 6 jolies gravures, dont 2 portraits coloriés. — Un beau vol. in-8°, 12 fr.

La même, format Charpentier, sans gravures, 3 f. 50.

Poème sur l'église de Brou. par M. de Moyria, avec introduction par M. Ed. Quinet, in-8°. — 2 fr.

Notice descriptive et historique de l'église de Notre-Dame de Bourg, par J. Baux, in-12. — 1 fr. 50.

Les *Noëls Bressans* de Bourg, de Pont-de-Vaux et des paroisses voisines, avec les *airs en musique* à la fin, par Ph. Le Duc, in-12. — 2 fr.

Guide historique et descriptif du voyageur à l'église de Brou, par le P. Rousselet, avec gravures, nouvelle édition, in-12. — 1 fr. 50 c.

Histoire de Bresse et du Bugey, par M. Gacon, revue par M. de Lateyssonnière, un vol. in-8°. — 3 fr. 50 c.

La Bresse, poème, M. Ph. Le Duc, in-8°. — 50 c.

Biographie des hommes célèbres du département de l'Ain, par M⁣gr Depéry, évêque, 2 vol. in-8°. — 5 fr.

Histoire hagiologique ou *Vie des saints du diocèse de Belley* par le même, 2 vol. in-8°. — 5 fr.

Itinéraire pittoresque du Bugey, par M. de St-Didier, in-8°. — 2 fr. 50 c.

Histoire de la réunion à la France des provinces de Bresse, Bugey, etc., par J. Baux, un beau vol. in-8°. — 7 fr.

Recherches historiques sur le département de l'Ain, par M. de Lateyssonnière, 5 vol. in-8°. — 10 fr.

Bibliographie de l'Ain, par M. A. Sirand, un grand in-8° br. — 10 fr.

Courses archéologique dans le département de l'Ain, par M. A. Sirand, 4 vol. in-8°.

Antiquités générales de l'Ain, un beau vol. avec une carte indiquant le tracé du chemin de fer et les curiosités de chaque localité, par M. A Sirand. — 6 fr.

Grande statistique du département de l'Ain, par M. de Bossi, 1 vol. in-4°, édition rare. — 30 fr.

Grande Carte du département de l'Ain, par M. Cassini, 4 feuilles. — 10 fr.

Nouvelle grande Carte du département de l'Ain, en 2 feuilles, contenant le chemin de fer, routes et chemins, rivières, ruisseaux et étangs. — 7 fr.

Carte antique et moderne de l'Ain, annotée par M. Sirand pour servir à l'histoire du pays, 1 feuille gr. raisin. — 2 fr.

Table.

	Pages
Indicateur de la ville de Bourg	1
Administration	7
Monuments religieux. — Eglise Notre-Dame	7
Eglise de Brou	12
Eglise de Saint-Joseph (autrefois des Jacobins.)	15
Chapelles diverses	19

108

	Pages
Dénombrement des Eglises et Chapelle de Bourg..	21
Monuments civils et établissements de bienfaisance.	24
Préfecture ancienne	25
Préfecture nouvelle	26
Hôtel-de-Ville	29
Boucheries	30
Théâtre	31
Halle au Blé	31
Hôpital	32
Hospice de Charité	34
Collége de Bourg. — Lycée	35
Bibliothèque	37
Société impériale d'Émulation de l'Ain	39
Musée Lorin	41
Ecole normale de l'Ain	42
Maison des Orphelins	42
Maison des Orphelines	43
Ecole des Sourds-Muets	43
Ecole d'Accouchement	44
Maison des Incurables	44
Hospices des Aliénés (hommes et femmes)	45
Casernes	46
Tribunal et Prison	47
Glacière	48
Des anciennes Maisons de Bourg	49
— Nombre de rues, maisons, becs de gaz, fontaines, etc	72
De divers objets d'art publics ou particuliers	73
Cabinet de M. Sirand	86
Fabrication à Bourg d'objets d'art	89
— Bijoux Bressans	89
— Vases antiques et poteries de Bozonnet	90
— Statuettes de Laroze	91
— Meubles antiques	92
Industrie locale	93
Promenades publiques	95
Jardins publics et particuliers	98
Courses aux environs de Bourg	100

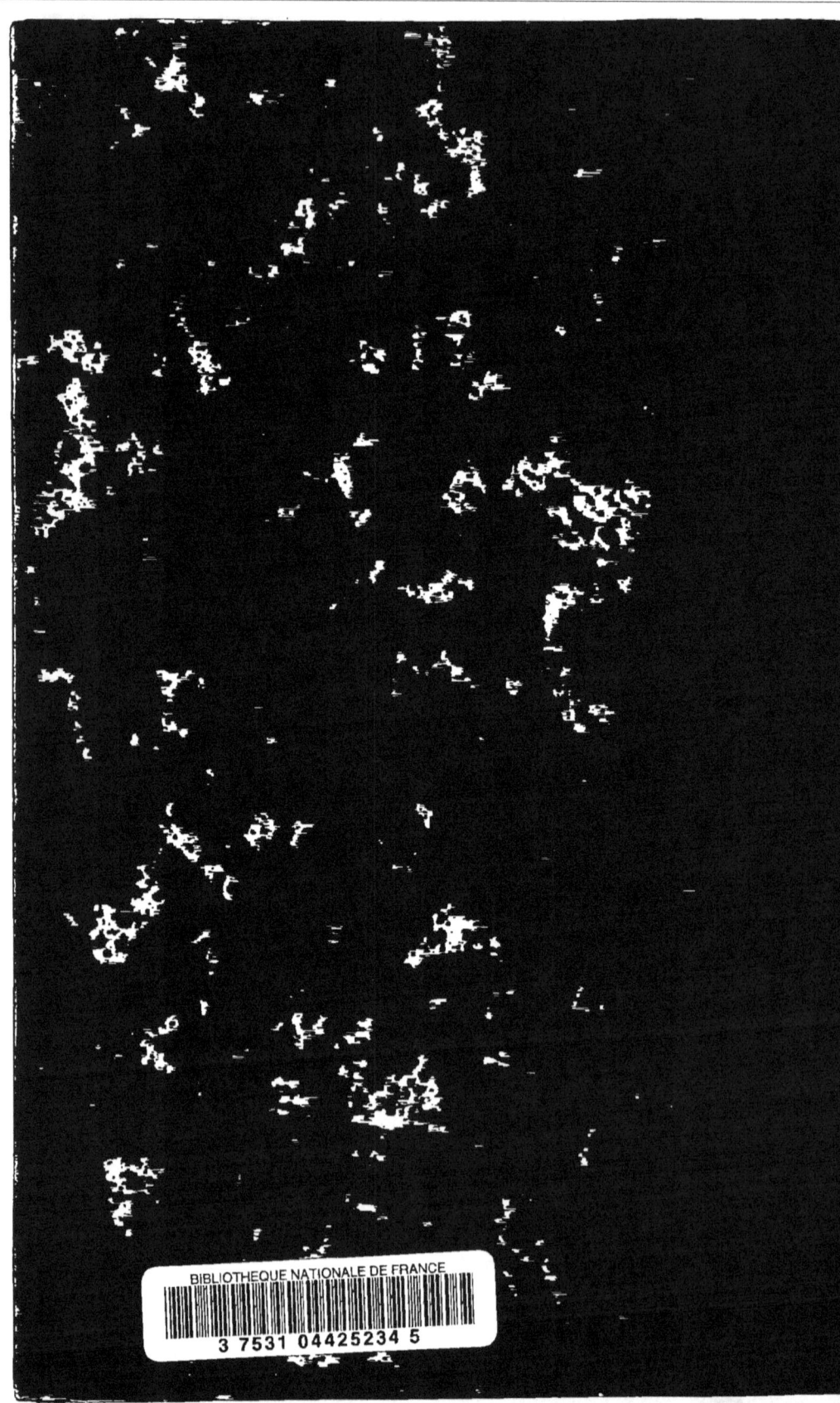

www.ingramcontent.com/pod-product-compliance
Lightning Source LLC
Chambersburg PA
CBHW070519100426
42743CB00010B/1868